James W. Heisig / Klaus Gresbrand · Die Kana lernen und behalten

Die japanischen Silbenschriften Hiragana und Katakana sind der erste Schritt für jeden, der Japanisch in Wort und Schrift beherrschen will. Doch das ist oft von Frustration begleitet: Bislang mußten die Kana durch wochenlanges Wiederholen der Schreibweise auswendig gelernt werden.

Mit diesem Buch werden Sie die Hiragana und Katakana in je drei Stunden lesen und schreiben lernen – ohne zeitraubendes Wiederholen und stures Pauken. Kleine Geschichten stellen Ihnen die Kana vor und verknüpfen sie mit Ihren eigenen Erinnerungen und Assoziationen. Gestalten Sie Ihren ersten Schritt in die japanische Schrift so lustvoll und effektiv wie möglich – mit der seit Jahrzehnten bewährten Methode von James W. Heisig.

James W. Heisig, Professor für Religionsphilosophie, promovierte in Cambridge und unterrichtete an Universitäten in den U.S.A., Lateinamerika und Spanien. Seit 1978 ist er ständiges Mitglied des Nanzan-Instituts für Religion und Kultur in Nagoya, Japan, dem er von 1991 bis 2001 als Direktor vorstand.

Klaus Gresbrand, Diplom-Jurist, studierte Rechtswissenschaften und Betriebswirtschaftslehre an der Universität Osnabrück, der Chūō-Universität, Tokio, und der Universität Tokio.

James W. Heisig
Klaus Gresbrand

Die Kana lernen und behalten

Die japanischen Silbenschriften lesen und schreiben lernen in je drei Stunden

Teil 1 Die Hiragana

KlostermannRoteReihe

Titel des Ursprungswerks:
Remembering the Kana: A Complete Course on How to Teach Yourself the Japanese Syllabary

Die deutsche Ausgabe wurde nach der Vorlage des Ursprungswerks von Klaus Gresbrand erstellt, übersetzt und in enger Zusammenarbeit mit James W. Heisig bearbeitet.

Bibliographische Information der Deutschen Nationalbibliothek

Die Deutsche Nationalbibliothek verzeichnet diese Publikation in der Deutschen Nationalbibliographie; detaillierte bibliographische Daten sind im Internet über *http://dnb.d-nb.de* abrufbar.

7. bis 10. Tausend 2011

2., durchgesehene Auflage 2008

Gedruckt auf alterungsbeständigem Papier. ∞ ISO 9706
Druck und Bindung: Hubert & Co., Göttingen
Printed in Germany
ISSN 1865-7095
ISBN 978-3-465-04056-9

Inhalt

Allgemeine Einführung

Das Ziel dieses Buches ist ein einfaches: Es soll Ihnen dabei helfen, die beiden japanischen Silbenschriften, Hiragana und Katakana, in je drei Stunden lesen und schreiben zu lernen. „Drei Stunden" sollen dabei als drei Stunden konzentrierter Gesamtarbeitszeit verstanden werden, nicht als drei Stunden am Stück und erst recht nicht als drei Stunden im Klassenraum mit einem Lehrer und anderen Lernenden.

Die zwei Teile des Buches, Rücken an Rücken gesetzt, folgen derselben Methode, sind gleich gestaltet und verweisen auf gemeinsame Tabellen in der Mitte dieses Buches. Leser, die bereits eine der Silbenschriften beherrschen, können diese überspringen und direkt zu dem Teil übergehen, den sie lernen möchten. Wenn Sie mit keinem der Zeichensysteme vertraut sind, sollten Sie mit den Hiragana beginnen und erst dann das Buch wenden, um sich den Katakana zu widmen.

Die Schriftzeichen sind in der „Wörterbuch-Reihenfolge" angeordnet, also in der Reihenfolge, die in japanischen Wörterbüchern, Nachschlagewerken und dergleichen verwendet wird. Sie werden sie jedoch nicht in dieser Reihenfolge lernen! Im Verlauf des Kurses werden Sie vielmehr kreuz und quer durch das Buch geführt, um die Lektionen zu durchlaufen. Die Lektionen 2 bis 5 werden Ihnen dann einen einfachen Weg zeigen, um sich die im Alltag unverzichtbare Wörterbuch-Reihenfolge zu merken.

Wenn Sie schon ein paar Hiragana kennen, reizt es Sie vielleicht, nach eigener Reihenfolge vorzugehen. Tun Sie dies nicht. Denn statt sich so im Labyrinth dieses Buches zu verlieren, wäre es besser, gar nicht damit zu arbeiten. Wenn es sein muß, gehen Sie schnell durch das Material, das Sie schon kennen. Übergehen sollten Sie es aber in keinem Fall.

Gönnen Sie sich ruhig nach jeder Lektion eine kleine Pause. Das wird Ihre Effizienz steigern und zu konzentrierter Bearbeitung der einzelnen Lektionen in je 30 Minuten führen. Nehmen Sie sich zwei Lektionen pro

Tag vor, so haben Sie in drei Tagen alle sechs Lektionen durchlaufen. Dies scheint die ideale Vorgehensweise zu sein.

In jedem Fall sollten Sie stets mit der Lektüre der jeweiligen Einführungen zu den Zeichensystemen beginnen. An deren Ende wird Ihnen der Weg zu den Lektionen gewiesen.

Wenn Sie das Buch durchgearbeitet haben, vergessen Sie nicht, das Nachwort zu lesen, das dem Teil Zwei nachgestellt ist. Dort werden Sie Hilfestellung zum Überspringen der letzten Hürde Ihres Studiums des japanischen Schriftsystems finden: den Kanji.

EIN WORT ZUR AUSSPRACHE

Verglichen mit Deutsch ist Japanisch eine lautarme Sprache. So werden im Japanischen statt eines Alphabetes frei kombinierbarer Vokale und Konsonanten feste Silbenschriftzeichen verwendet, die 45 Grundlaute und 77 derivative Laute beschreiben. Letztere leiten sich aus stimmhafter und plosiver Aussprache bestimmter Konsonanten und aus Doppelvokalen (sog. Diphthongen) ab. Die komplette Bandbreite der Laute ist in den Tabellen auf Seiten 68 und 69 von Teil Eins aufgelistet.

Das bedeutet aber nicht, daß alle japanischen Laute auch im Deutschen existieren oder daß ähnliche Schriftzeichen des lateinischen Alphabets immer auf den gleichen japanischen Laut verweisen wie im Deutschen. Nur mit der Hilfe eines Muttersprachlers kann die korrekte Aussprache wirklich gelernt werden. In diesem Buch wird die Aussprache nur mittels eines groben Äquivalents aus dem Deutschen angedeutet.

HINWEIS ZU GESCHICHTE UND GEBRAUCH VON KANA

Richtiger Gebrauch von Hiragana und Katakana erfordert Fähigkeiten, mit denen Sie keine westliche Sprache ausstatten kann – derartiges überschreitet den Rahmen dieser Seiten. Gleichwohl ist es hilfreich zu wissen, worum es sich bei den Silbenschriftzeichen handelt.

Als das chinesische Schriftsystem um das sechste Jahrhundert nach christlicher Zeitrechnung in Japan eingeführt wurde, existierte keine einheimische Schrift, welche es ersetzen oder mit der es sich hätte vermischen können. Zudem waren die japanischen Laute recht unterschiedlich von denen, die die chinesischen und koreanischen Einwanderer gewöhnt waren. Die einzige Lösung bestand darin, jedem Laut ein chinesisches

Schriftzeichen – oder Kanji – zuzuordnen, welches ähnlich ausgesprochen wurde. So wurde mehrere Jahrhunderte lang ein gut 970 Zeichen großer Katalog chinesischer Schriftzeichen – oder Kanji – für die Darstellung der 88 Laute verwendet, die damals im Japanischen genutzt wurden.

Schon Mitte des achten Jahrhunderts erhielten einige dieser Kanji eine „gerundete" oder „allgemeine" (hira) Form, die auf (Pinsel-)Kalligraphie beruhte und als „Ersatz" (kana) für die häufiger verwendeten Kanji diente. Während des frühen Mittelalters der japanischen Heian Ära (794-1185) wurde ein Schreibstil entwickelt, der ausschließlich diese Zeichen verwendete und das erste phonetische Silben-„Alphabet" mit einer eins-zu-eins Beziehung zwischen Laut und Zeichen war. Anfangs wurde es nur von Frauen verwendet doch im frühen zehnten Jahrhundert wurde es schließlich als offizielle Schreibweise unter dem Namen „Hiragana" anerkannt.

Heute dienen Hiragana entweder zum Schreiben ursprünglicher japanischer Worte oder als Flexionszeichen hinter Worten, die mit Kanji geschrieben werden, und auch zum Schreiben der Worte, deren Kanji selten sind oder jedenfalls nicht in den standardisierten Listen der in der Schule zu lernenden Kanji geführt werden.

Die Katakana entstammen ebenfalls den chinesischen Kanji, basieren aber anders als die Hiragana weniger auf kalligraphischer Schreibweise als vielmehr auf der Extraktion einzelner „Teile" (kata) aus den Kanji zur Darstellung eines bestimmten Lautes. Diese Zeichen werden in einem eckigen, blockartigen Stil geschrieben, was sie ebenfalls von den Hiragana unterscheidet. Seit dem neunten Jahrhundert nutzte man sie als Gedächtnisstütze für die korrekte Aussprache der auf Chinesisch verfassten buddhistischen Texte. Erst viel später, um 1900, wurden sie zum Standard für fremdsprachliche Lehnwörter und Onomatopoetika. Bis zum Anbruch des Computerzeitalters wurden sie auch für Telegramme genutzt.

Insgesamt setzt sich die japanische Schrift also aus drei Teilen zusammen:

Kanji. Komplexe Zeichen, die um das sechste Jahrhundert christlicher Zeitrechnung aus China nach Japan importiert wurden. Es gibt gut 80.000 Zeichen dieser Art. Japan hat ihren Gebrauch aber kanalisiert, indem eine standardisierte Liste der „Kanji für den allgemeinen Gebrauch“ im Bildungssystem eingeführt wurde. Ein typischer japanischer Universitätsabsolvent beherrscht etwa dreitausend dieser sino-japanischen Schriftzeichen.

Hiragana. Eine der zwei Silbenschriften im Japanischen. Sie wird hauptsächlich zum Schreiben originär japanischer Worte verwendet, sowie zur Flexion von Wörtern.

Katakana. Das zweite Zeichensystem. Es wird hauptsächlich für fremdsprachliche Namen und Begriffe sowie für Onomatopoetika verwendet.

Diese drei Schriftformen koexistieren in Japan, und es ist nicht ungewöhnlich, allen dreien in einem einzigen Satz zu begegnen. Lesen Sie etwa diesen Beispielsatz auf Japanisch, der Kanji (Fettdruck), Hiragana (Kursivdruck) und Katakana (Normaldruck) beinhaltet:

私の名前がマリアです。

Watashi *no* **namae** *ga* Maria *desu.*

Mein Name ist Maria.

Wenn Sie geschriebenes Japanisch fließend beherrschen wollen, führt für Sie kein Weg am Erlernen aller drei Schriftformen vorbei. Dieses Buch sollte Ihnen dabei zu einem guten Start verhelfen.

Abschließend möchte ich mich noch herzlich bei Vittorio Klostermann bedanken, der als Verleger die Einführung meiner Kana- und Kanjibücher in Deutschland ermöglicht hat. Dank gebührt auch Klaus Gresbrand für die hervorragende Zusammenarbeit beim Erstellen der deutschen Fassung.

James W. Heisig

1. Juni 2006

Einführung zu den Hiragana

Dieses Buch ist eine Anleitung zum Selbststudium. Weder entstand es aus Erfahrungen im Klassenraum, noch ist es für die Verwendung in selbigem gedacht. Hinzu kommt, daß keiner der Autoren einen sprachwissenschaftlichen Hintergrund hat. Das Konzept für diesen Kurs entsprang eher dem sportlichen Ehrgeiz, den einfachsten und schnellsten denkbaren Weg zum Erlernen der Kana zu entwickeln. Wenn Sie das Buch durchgearbeitet haben, werden Sie selbst erkennen, wie einfach die Grundidee dieser Lernmethode ist. Und Sie werden sehen, wie leicht man die Kana im Kopf behalten kann, wenn man sich nur auf sein „erfinderisches Gedächtnis" verläßt.

Für die deutsche Adaption wurde gut die Hälfte der in diesem Buch verwendeten mentalen Bilder und Geschichten verändert oder neu erfunden, ansonsten orientiert sie sich eng an der Originalfassung (*Remembering the Kana*, Japan Publications Trading Company, 2001).

Genug der Vorrede. Es ist Zeit anzufangen und der Anweisung im grauen Kasten zu folgen.

→ WEITER AUF SEITE 51

Teil Eins

HIRAGANA

あ　安 → あ　A

Sie sollten sich jetzt in der Mitte von Lektion 1 befinden. Ist das nicht der Fall, gehen Sie sofort zu Seite 51 und starten von dort.

Das Silbenzeichen für *a* beginnt mit dem *Dolch*, dessen Klinge hier jedoch nach rechts gebogen ist, dem Fluß des Zeichens folgend. Darunter findet sich wieder das Halteverbotsschild *„no-parking"*. Beachten Sie, daß die Diagonale in の verlängert wird, wenn es Teil eines anderen Hiragana ist – wie ein kleiner Aufhänger für das Halteverbotsschild.

Der Laut *a* läßt uns an einen aggressiven **Autofahrer** denken, der nach aussichtloser Parkplatzsuche Dampf abläßt, indem er seinen *Dolch* direkt durch das nächste *Halteverbotsschild* rammt.

AUSSPRACHE

Apfel | Antenne

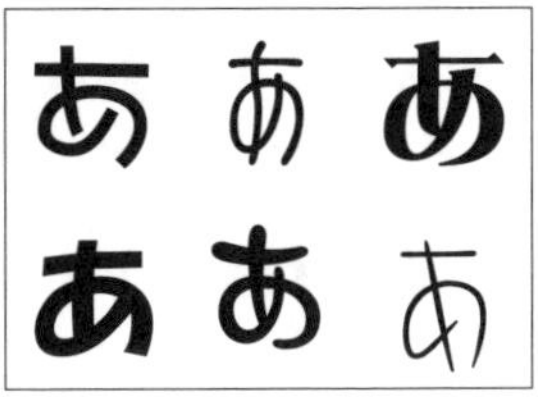

あの	ano
あく	aku
あけの	akeno

← 9　→ WEITER AUF SEITE 10

I

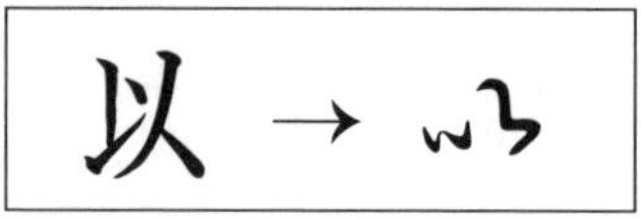

い

Der lateinische Buchstabe **i** wird mit zwei Strichen geschrieben: einem Hauptstrich und einem Punkt als Abschluß. So funktioniert auch das Hiragana für **i**, welches wir jetzt lernen werden. Die jeweils ersten Striche der beiden sind fast identisch. Und so, wie beim schnellen Schreiben des **i** der Punkt sich oft nach rechts verschiebt, so gehört auch der zweite, kürzere Strich dieses Hiragana nach rechts.

Fahren Sie zum Üben der Schreibweise mit einem Bleistift die Striche in der Vorgabe unten nach. Schon bald fühlen Sie, wie die erste Linie in die zweite hinüberfließt. Nachdem Sie das Zeichen ein paarmal auf kariertem Papier geübt haben, testen Sie Ihre Lesefertigkeit an den unten aufgeführten Varianten des Zeichens.

AUSSPRACHE

Witz | intern

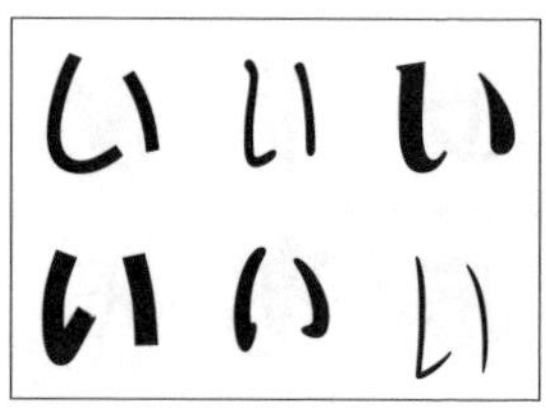

ii	いい
in	いん

← 46 → WEITER AUF SEITE 8

う　　宇 → 宇 (Kursivform)　　U

Der Laut *u* läßt uns sofort an eine **Uhr** denken. Über der *2* (Sie erinnern sich: tsu-wa-i) befindet sich ein kleiner Strich, der uns als *Schwänzchen* verschiedener Tierarten durch diesen Kurs begleiten wird. Schon die Bestandteile deuten darauf hin, daß es sich um keine gewöhnliche **Uhr** handelt: Statt Zeigern ist sie mit *2 Lämmerschwänzchen* ausgestattet.

Und wenn es *2* **Uhr** schlägt, so schlägt diese eigenartige **Uhr** nicht „Ding, dong." sondern „Määäh, määäh.".

AUSSPRACHE

Urlaub | Urgroßvater

う	う	う
う	う	う

うに	uni
うつ	utsu
にあう	niau

← 18　　→ WEITER AUF SEITE 17

E 衣 → え え

Der Laut *e* läßt uns an einen einsamen **Eremiten** denken, der statt eines Pinsels mit einem *Lämmerschwänzchen* – inklusive angewachsenem Lämmchen natürlich – auf dem Boden seiner Höhle erste Schreibversuche unternimmt. Herausgekommen ist dabei ein seltsam gewundener *Tintenstrich*. Offenbar wollte sich unser **Eremit** an dem Hiragana ん versuchen, hat aber falsch angesetzt und es so mit einem zusätzlichen Haken versehen.

AUSSPRACHE
Emil | ehemals

え	え	え
え	え	え

en	えん
koeru	こえる
hae	はえ

← 20 → WEITER AUF SEITE 63

お | 於 → お | O

Dieses Hiragana ist gar nicht so kompliziert, wie es aussieht, wenn Sie seine Einzelteile isolieren, diese dauerhaft mit einem Bild in Ihrer Vorstellung fixieren und schließlich, das Bild im Hinterkopf, mit dem Stift dem natürlichen Fluß des Zeichens folgen.

Der Vokal *o* läßt uns unwillkürlich an unschöne **O-Beine** denken. Welche eigenartigen Hilfsmittel wurden wohl schon gegen dieses Leiden erdacht? Die hier beschriebene Kur steht auch ausgefallensten Methoden in nichts nach: Zunächst muß sich der **o-beinige** Proband mit einem *Dolch* eine „*Zwei*" (tsu-wa-i) in jedes seiner Knie ritzen und darüber mit Klebeband ein kleines *Lämmerschwänzchen* befestigen. Vielleicht hilft es nicht gegen **O-Beine**, aber ganz sicher hilft diese skurrile Geschichte beim Erlernen des Zeichens.

AUSSPRACHE

Kin**o** | t**o**tal

お	お	お
お	お	お

おに	oni
おんな	onna
おいけ	oike

← 21 → WEITER AUF SEITE 58

KA 加 → か か

Das Zeichen *ka* besteht aus zwei Teilen, einem neuen und einem bekannten. Das *Lämmerschwänzchen*, zuletzt geschrieben, kennen Sie schon. Davor steht nichts anderes als ein besonderer Vertreter der Gattung Dolch: Seine Parierstange bietet mehr Schutz, da sie länger und abgewinkelt ist – so wie bei einem *Degen* zum Fechten.

Setzen Sie diese Teile in einem Bild eines besonders extrovertierten Bekannten oder Verwandten zusammen, der sich zum Karneval als **Kavallerist**, wie in den Wildwestfilmen, verkleidet hat. Sein ganzer Stolz und der Blickfang des Abends ist der glänzende – wenn auch nicht ganz stilechte – *Degen*, den er an der Seite führt. Weniger beeindruckend hingegen ist das ärmliche *Lämmerschwänzchen*, welches als Ersatz für den bauschigen Waschbärschweif herhalten muß, den die wildkundigen **Kavalleristen** dem Klischee nach am Hut tragen.

AUSSPRACHE
Kartoffel | **ka**lkulieren

mannaka	まんなか
mukae	むかえ
kannon	かんのん

← 14 → WEITER AUF SEITE 32

き

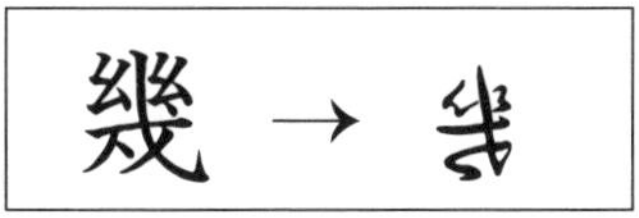

KI

Der einzige Unterschied zwischen den ersten drei Strichen dieses Hiragana und dem *Dolch* ist die zusätzliche horizontale Linie. Der Grund dafür ist, daß wir es hier mit einem langen *Schwert* zu tun haben, welches eine stabilere, daher doppelte Parierstange benötigt. Darunter ist die *Haarnadel*, die wir gerade kennengelernt haben.

Fügen wir alles zusammen: Ein Samurai bearbeitet mit gewandten *Schwert*hieben ein Stück Knochen, das auf einem Stein liegt. Dabei handelt es sich um den **Kiefer** seines besiegten Erzfeindes, aus dem er für seine Geliebte eine knöcherne *Haarnadel* fertigen will. Geben Sie der Szene etwas Zeit, sich vor Ihrem inneren Auge zu entwickeln. Und lassen Sie sich von dem schaurigen **Kiefer**knochen nicht die Nachtruhe verderben.

AUSSPRACHE

Kind | Khaki

き き き
き き き

きり	kiri
いき	iki
あき	aki

← 11 → WEITER AUF SEITE 55

KU

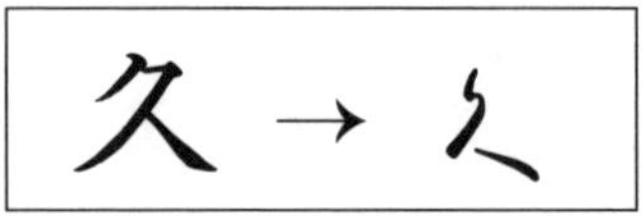

く

Für dieses Zeichen soll ein frisch aus dem Ei geschlüpfter **Kuckuck** Pate stehen. Auf das Notwendigste beschränkt, zeigt uns dieses Hiragana mit nur einem Strich den weit aufgesperrten **Kuckuck**-schnabel des Jungen, das von nun an seine Eltern auf Trab halten wird.

AUSSPRACHE

Kupfer | **Ku**mpane

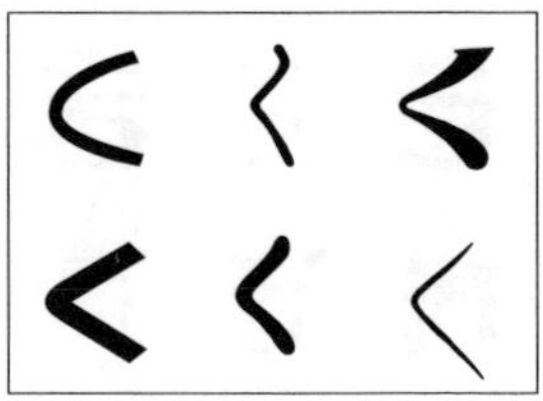

iku	いく
kun	くん
kui	くい

← 2 → WEITER AUF SEITE 29

け

計 → け

KE

Dieses Hiragana besteht aus zwei Teilen. Links und zuerst zu zeichnen, steht ein rauhbeiniger *Kerl*, der jedoch zu seinem Leidwesen nur ein Strich in der Landschaft ist. Der leichte Bogen in der Linie und der Haken am Ende des Striches verdeutlichen, mit was für einem haltungsgeschädigten Schmachthaken wir es hier zu tun haben.

Um diese Schwäche auszugleichen, führt der *Kerl* seinen *Dolch* bei sich, der mit weiteren zwei Strichen gezeichnet wird. Erkennen Sie den Griff und die nach links gebogene Klinge? Je genauer Sie sich den finsteren **Kerl mit dem Dolch** vorstellen, desto besser wird das Zeichen bei Ihnen „sitzen“.

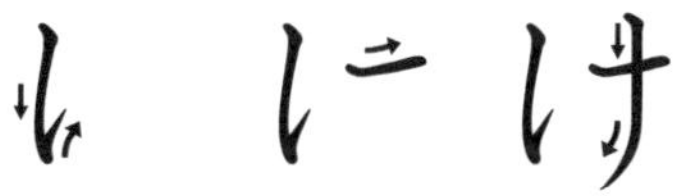

AUSSPRACHE
Kelle | kennen

け	け	け
け	け	け

けい	kei
のけ	noke
けんい	ken'i

← 25 → WEITER AUF SEITE 1

KO

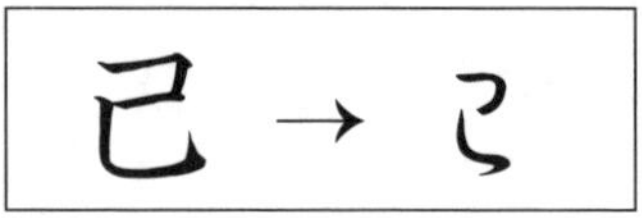

Die zwei Striche dieses Zeichens erinnern an einen **Korb**, genauer gesagt: einen schönen großen Weiden**korb**. Denken Sie sich einfach den oberen Strich als *Deckel*, dessen kleiner Haken als Verschluß dient. Der untere Strich ist der dicht geflochtene *Boden*. Es wird Ihnen besonders leicht fallen, sich dieses Zeichen zu merken, wenn Sie in Ihrer Erinnerung einen großen **Korb** mit *Deckel* finden können – vielleicht hat Ihre Mutter immer ihre Stricksachen in einem **Korb** mit *Deckel* aufbewahrt oder Ihr Bruder seine schmutzige Wäsche…

In manchen Schreibstilen wird der Haken im ersten Strich weggelassen, denn er ist nicht unbedingt notwendig. Sie sollten aber nicht auf ihn verzichten, dann werden Sie den fließenden Übergang vom ersten zum zweiten Strich besser spüren.

AUSSPRACHE

Ro**ko**ko | **Ko**pie

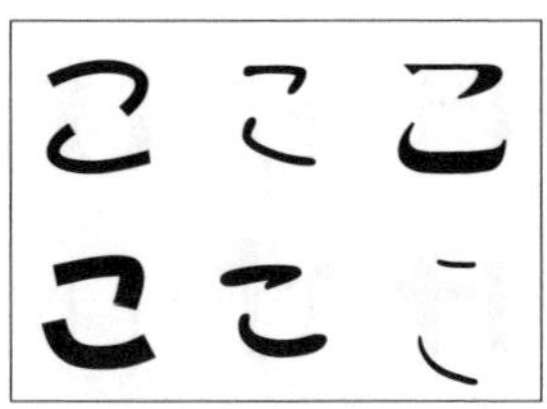

kono	この
kon	こん
keiko	けいこ

← 1 → WEITER AUF SEITE 22

さ | 左 → さ | SA

Unter dem *Dolch* befindet sich die untere Hälfte des *Weidenkorbes*. Nennen wir diese Hälfte *Haarnadel*, so als wenn ein dünner Weidenzweig aus dem Korbboden gezogen und als rustikale *Haarnadel* verwendet würde.

Unser Schlüsselwort ist **Salatblatt**. Ein großes und vielleicht schon etwas angefaultes **Salatblatt**, das eine militante Umweltschützerin als Haarschmuck trägt – befestigt mit einer *Haarnadel* und ihrem *Dolch*.

In vielen gedruckten Schriftarten werden der zweite und dritte Strich eins. Je öfter Sie das Zeichen nach dem obigen handgeschriebenen Beispiel schreiben, desto schneller werden Sie ein Gefühl dafür entwickeln, wie die zwei Striche ganz natürlich in einander übergehen. Achten Sie auf die Aussprachebeispiele und sprechen Sie das „s“ stimmlos aus.

AUSSPRACHE
Kassandra | interessant

さら	sara
くさい	kusai
けさ	kesa

← 16 → WEITER AUF SEITE 7

SHI

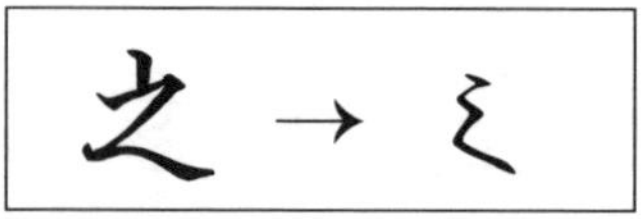

し

Die Form dieses Zeichens ist offensichtlich die einer **Skisprungschanze** und zwar einer, die es in sich hat. Lassen Sie in ihrer Phantasie einen höchst bedauernswerten Skispringer sein Glück an dieser steilen **Skisprungschanze** versuchen, und Sie werden das Zeichen nie mehr vergessen.

AUSSPRACHE

Schiller | **Schi**kane

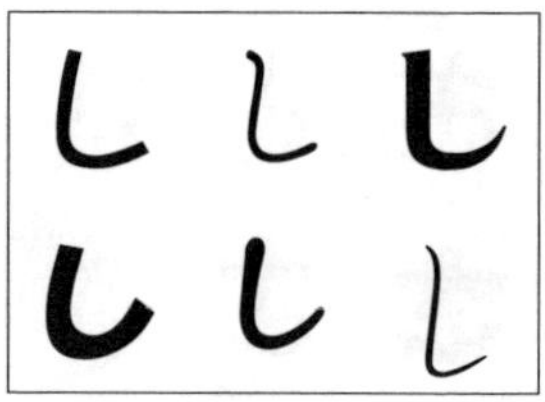

shima	しま
anshin	あんしん
sushi	すし

← 63 → WEITER AUF SEITE 35

す 寸 → 寸 SU

Das Schlüsselwort dieser Silbe wird **Suppe** sein. An der Klinge des Dolches haftet ein kleiner Kringel, der sich bei genauem Hinschauen als eine *Makkaroni* entpuppt. (Achten Sie darauf, wie das Ende der *Makkaroni*, anders als der *Bumerang*, nach unten links zeigt.) Sie müssen sich nur noch vorstellen, wie Sie in einem Edelrestaurant mit einem Taschenmesser nach den *Makkaroni* in Ihrer **Suppe** stochern. Da! Es hängt eine an Ihrem *Dolch*!

Achten Sie auch hier wieder auf das stimmlose „s".

AUSSPRACHE

Begrü**ßu**ng | Fas**su**ng

す す す
す す す

りす	risu
すね	sune
すら	sura

← 24 → WEITER AUF SEITE 33

SE

世 → せ

せ

Setzen wir die einfachen Elemente dieses Zeichens zu dem Bild einer **Seance** zusammen. Zunächst haben wir *zwei Dolche*, deren Parierstangen sich zu einer horizontalen Linie verbinden. Die waagerechte Linie am Ende der einen Dolchklinge soll eine Kurzform der bekannten *Haarnadel* sein. Los geht's: Sie stecken mit unzähligen *Haarnadeln* einen Kreis auf dem Erdboden ab und setzen sich hinein. Mit jeder Hand rammen Sie einen *Dolch* in den Nadelkreis und halten die Griffe fest, um sich mit dem magischen Zirkel zu verbinden, indem sich während der **Seance** die Geister zeigen sollen. Der linke *Dolch* ist bereits tief in der Erde; der rechte kurz davor, hineingestoßen zu werden.

Wie wir schon zuvor gesehen haben, endet der zweite Strich in einem kleinen Haken. Dieser fließende Übergang zum dritten Strich wird in manchen Schreibstilen jedoch ausgelassen.

AUSSPRACHE

Risse | Eurocent

arimasen	ありません
setsu	せつ
sei	せい

← 36 → WEITER AUF SEITE 6

そ

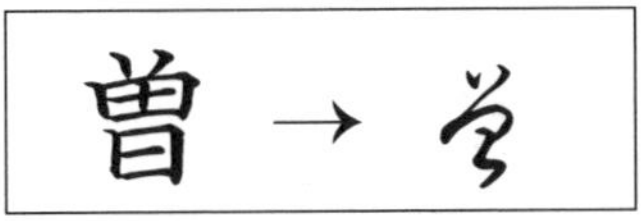

SO

Die Einzelteile dieses Silbenzeichens sind das *Schwänzchen*, der *Spazierstock* und das *T*. Um den Laut der Silbe mit stimmlosem „s“ wiederzugeben, müssen wir auf das neudeutsche **Softeis** zurückgreifen. Stellen Sie sich vor, wie Sie beim Spaziergang im Park, genüßlich an Ihrem **Softeis** leckend, mit Ihrem *Spazierstock* auf dem *Schwänzchen* eines unvorsichtigen Dackels landen und dabei das Gleichgewicht verlieren. Platsch! Schon landet das ganze **Softeis** auf – worauf schon? – Ihrem liebsten *T*-Shirt.

Je nach Schreibstil kann der erste Strich dieses Hiragana auch zweigeteilt werden. So sieht es dem zugrundeliegenden Kanji (siehe oben) noch etwas ähnlicher.

AUSSPRACHE

Sommelier | Profess**or**

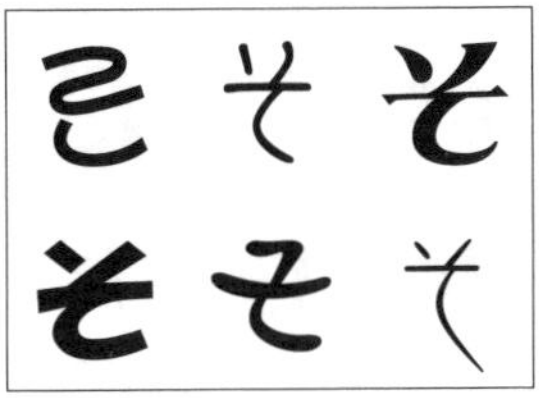

へそくり	hesokuri
そめる	someru
すそ	suso

← 19 → WEITER AUF SEITE 37

TA

太 → た

た

Bevor Sie weiterlesen, versuchen Sie doch einmal, die Einzelteile dieses Hiragana zu identifizieren. Wir haben sie in LEKTION 1 gelernt…

Richtig. Links ist der *Dolch* und rechts der *Korb*. Die Silbe *ta* läßt uns an **Tabak** denken, der unter sengender Sonne mit viel Schweiß und Mühe geerntet werden muß. Versetzen Sie sich in die Lage eines **Tabak**bauern, der Tag für Tag mit seinem abgenutzten *Dolch* **Tabak**blätter schneidet und sie in einen großen *Korb* auf seinem Rücken wirft. Erst wenn der ganze *Korb* gefüllt wurde, ist Zeit, sich bei einer selbstgedrehten Zigarre zu entspannen. Und erst wenn Sie in Ihrer Phantasie von dem *Dolch* Blasen an den Händen und vom *Korb* Rückenschmerzen bekommen haben, werden Sie dieses Hiragana nie mehr vergessen.

AUSSPRACHE
tanken | **Ta**xi

たたた
たたた

intai	いんたい
tako	たこ
tachi	たち

← 39 → WEITER AUF SEITE 11

ち　　知 → ち　　CHI

Werfen wir zunächst einen Blick auf die Bestandteile: *Dolch* und 2. Die Silbe *chi* ist in der deutschen Sprache eher selten anzutreffen, ganz alltäglich ist sie aber beim herzhaften Niesen: **„Ha...tschi!“**

Versetzen Sie sich nun in Ihrer Phantasie in ein uraltes Geisterhaus, in dem die aberwitzigsten Dinge geschehen. Während Sie heimlich durch das verstaubte Gemäuer schleichen, überkommt Sie plötzlich ein heftiger Niesreiz, der sich in einem donnernden **„Ha...tschi!“** entlädt. Für diesen Frevel straft Sie das Geisterhaus, indem es beim Niesen einen *Dolch* aus jedem ihrer *zwei* Nasenlöcher schießen läßt.

AUSSPRACHE

tschilpen | **Tschi**ngderassabumm

ち ち ち
ち ち ち

つち	tsuchi
のち	nochi
ちん	chin

← 3　　→ WEITER AUF SEITE 39

TSU

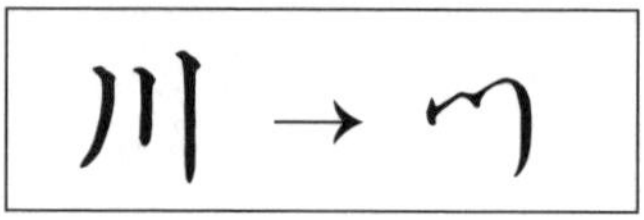

In dem Versuch, Worte aus anderen Sprachen wiederzugeben, stößt das lautarme Japanisch oft auf seine Grenzen. So muß das deutsche Wort „Zwei“ mit den drei Silben *tsu-wa-i* umschrieben werden. Schauen Sie sich nun das Hiragana *tsu* noch einmal an – sofort werden Sie in ihm den Anfang einer unvollständigen arabischen Ziffer 2 erkennen.

AUSSPRACHE

Tsunami | **zu**cken

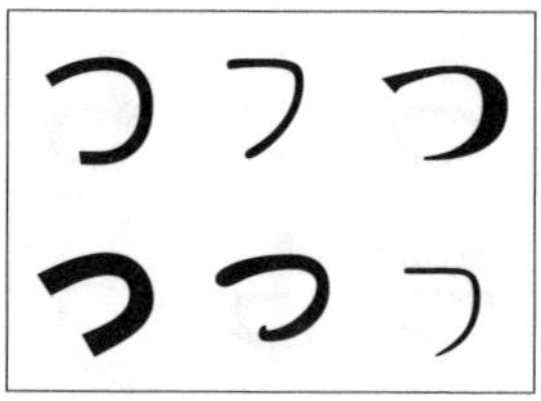

kutsu	くつ
koitsu	こいつ
atsui	あつい

← 40 → WEITER AUF SEITE 3

て 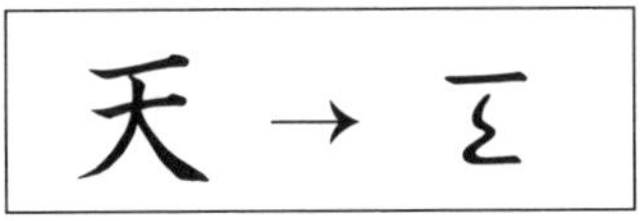 TE

Praktischerweise ähnelt das Hiragana *te* dem lateinischen Buchstaben T. Da Sie mittlerweile ein Gefühl für den Fluß der Hiragana haben, sollte es Ihnen leicht fallen, in zwei Zügen den großen Buchstaben T mit dem sanften Schwung der Hiragana zu zeichnen.

AUSSPRACHE

Terrasse | **te**lefonieren

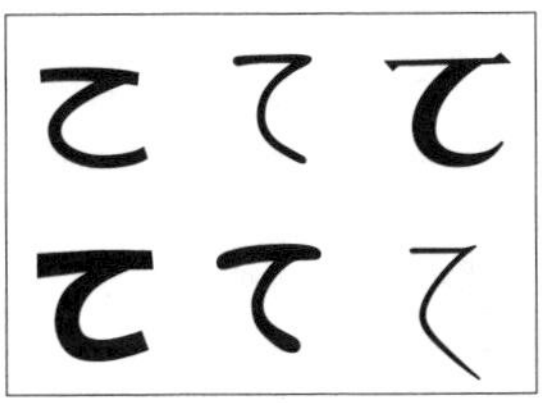

よてい	yotei
てんきん	tenkin
さて	sate

← 35 → WEITER AUF SEITE 15

TO

止 → 止

と

Das Hiragana *to* versinnbildlicht eine wahre **Tortur**: Erkennen Sie in dieser Seitenansicht den *Spazierstock*, wie er in einem großen Zeh steckt? Offensichtlich ist hier jemand unterwegs, der nicht sehr geschickt mit seinem *Spazierstock* umgeht und ständig wieder seinen eigenen Zeh trifft. Stellen Sie sich vor, welche **Tortur** es ist, unter solchen Umständen eine Wanderung zu unternehmen.

AUSSPRACHE

Toccata | Tomate

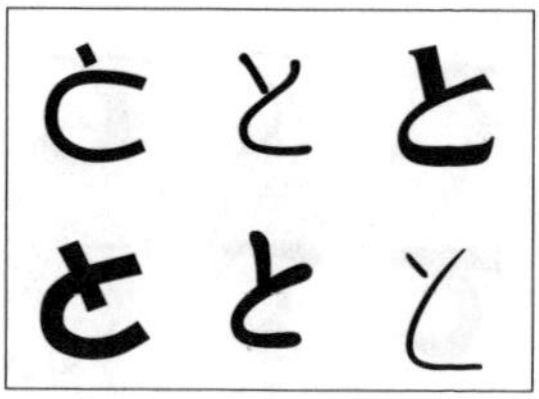

tokoton	とことん
hato	はと
toro	とろ

← 37 → WEITER AUF SEITE 4

な

奈 → な

NA

Gehen Sie besonders sorgfältig vor, wenn Sie das nächste Bild vor Ihrem inneren Auge entstehen lassen, um das Zeichen nicht mit dem Vorangegangenen zu verwechseln.

Denken Sie bei *na* an eine **Narkose**. Diese wird dem Lamm von eben verabreicht, damit es ganz still liegt und mittels eines *Dolches* sein *Schwänzchen* wieder vom *Bumerang* entfernt werden kann. Verabreichen Sie dem Lamm die **Narkose** am besten selbst. Sicher bedarf es mehrerer Anläufe, bis Sie mit dem *Dolch* schließlich den kleine Knoten im *Schwänzchen* des friedlich schlafenden Lamms gelöst haben und es vom *Bumerang* trennen können.

Wenn Sie dieses Bild aufbauen und das Hiragana schreiben, ist es ratsam, der Reihenfolge der Bestandteile genau zu folgen: *Dolch… Lämmerschwänzchen… Bumerang.*

AUSSPRACHE

Narbe | Natur

な	な	な
な	な	な

なつ	natsu
はなこ	Hanako
あんな	anna

← 38 → WEITER AUF SEITE 5

NI

仁 → に

に

Rechts sehen Sie das soeben erlernte こ. Davor steht der *Kerl*. Vor Ihrem geistigen Auge entsteht nun eine drollige Szene: Als völliger **Nichtschwimmer** hat sich der unsympathische *Kerl* zu weit ins Meer gewagt und paddelt hilflos im Wasser. Werfen Sie ihm gnädig einen herumliegenden *Weidenkorb* zu, an dem er sich festhalten kann, und schauen Sie ihm belustig dabei zu, wie sich der *Kerl* am *Weidenkorb* festklammert und sich mit den ungelenken Bewegungen eines **Nichtschwimmers** wieder ans Ufer manövriert.

AUSSPRACHE

Nihilismus | mi**ni**mal

に	に	に
に	に	に

nin	にん
kuni	くに
niko	にこ

← 10 → WEITER AUF SEITE 53

ぬ　奴 → ぬ　NU

Das erste Wort, das einem bei der Silbe *nu* einfällt, ist **Null** und **Null** soll unser Schlüsselwort sein.

Auch die Verbindung mit den Elementen dieses Zeichens, der *Medaille* und dem *Bumerang*, ist einfach: Um beim großen *Bumerang*wettbewerb die Gold*medaille* zu gewinnen, müssen Sie so lange trainieren, bis die Flugbahn Ihres *Bumerangs* exakt die Form der Ziffer **0** imitiert. Erst wenn Ihr *Bumerang* perfekt das grazile Oval der **Null** beschreibt, dürfen Sie sich die Gold*medaille* umhängen und zu einem weiteren gelernten Hiragana gratulieren.

AUSSPRACHE

Ka**nu** | **nu**tzen

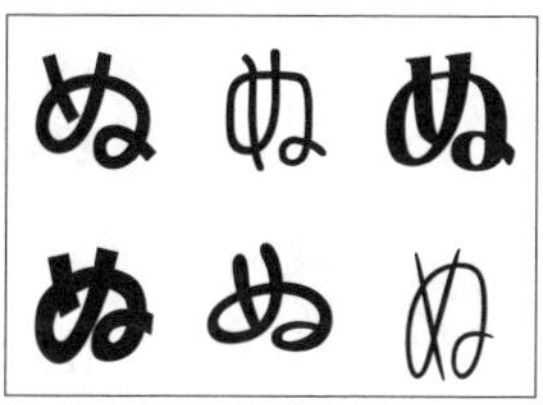

ぬま	numa
いぬ	inu
あけぬ	akenu

← 34　→ WEITER AUF SEITE 43

NE

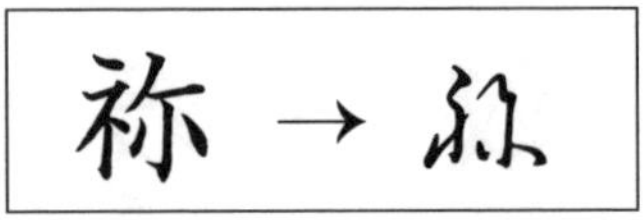

ね

Die Bestandteile des folgenden Zeichens sind *Wanderfalke* und *Bumerang*. Um das Zeichen und sein Schlüsselwort **Nerzmantel** sicher im Gedächtnis zu behalten, stellen Sie sich eine reiche Dame vor, die dick in ihren **Nerzmantel** eingehüllt einen Spaziergang über die winterlichen Felder macht.

Plötzlich wird sie von einem *Wanderfalken* attackiert, der sie aufgrund ihres **Nerzmantels** mit einem fetten Beutetier verwechselt hat. Heldenhaft greifen Sie zu Ihrem *Bumerang* und vertreiben damit den gefiederten Angreifer.

AUSSPRACHE

kö**nn**en | **N**elke

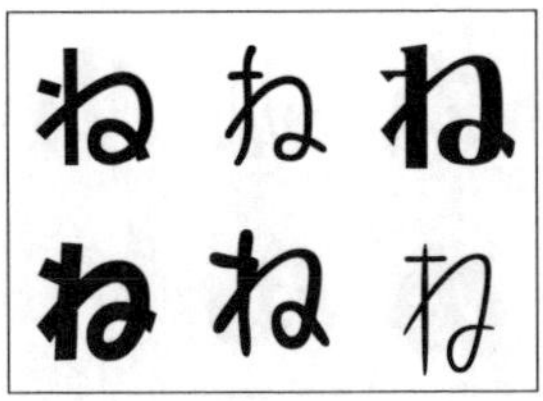

mane	まね
yone	よね
netsu	ねつ

← 42 → WEITER AUF SEITE 13

の

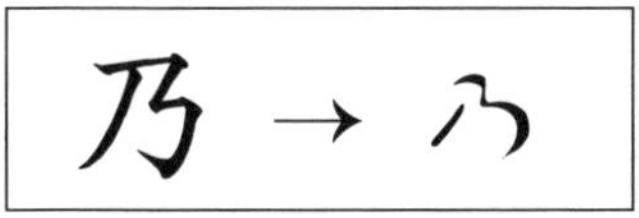

NO

Für dieses Zeichen müssen Sie kurz Ihre Englischkenntnisse aktivieren. Denn es ähnelt in der Form nicht nur dem deutschen Verkehrsschild für das eingeschränkte Halteverbot, sondern zugleich dem internationalen Symbol für „Nein“ – auf Englisch „No“. Der einfachste Weg, dieses Symbol mit nur einem Strich zu zeichnen, beginnt oben rechts mit der Diagonalen, um die dann der Kreis gezogen wird. Merken Sie sich aber, daß der Kreis beim Hiragana nicht geschlossen wird.

Wenn dieses Zeichen – in leicht abgewandelter Form – als Teil eines anderen Hiragana auftaucht, so werden wir es als **„no parking“**- oder **Halteverbotsschild** bezeichnen. Ein Beispiel folgt später in dieser Lektion.

AUSSPRACHE

Ki**no** | **no**tieren

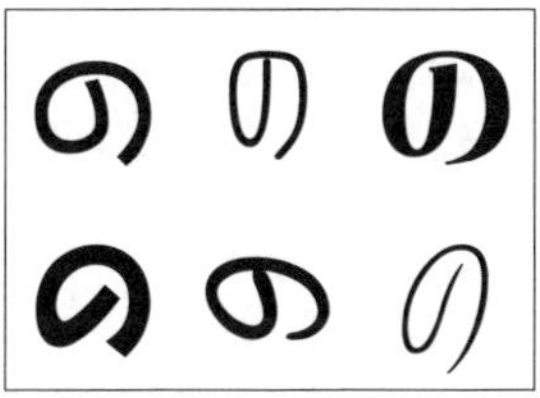

への	heno
のんの	nonno
くの	kuno

← 29 → WEITER AUF SEITE 9

HA

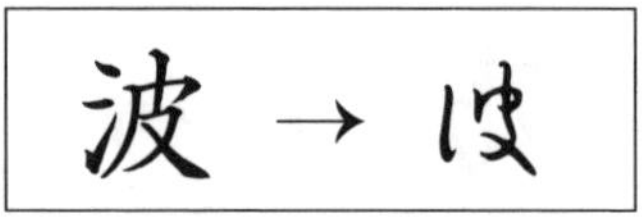

は

Den *Kerl* und seinen *Dolch* kennen wir schon. Die kleine Schleife am Ende der Dolchklinge werden wir *Bumerang* nennen, denn sie zeigt uns die Flugbahn eines Bumerangs: Erst zieht sie von der Dolchklinge fort, dann kehrt sie zurück.

Endlich hat unser *Kerl* eine Anstellung gefunden: Als **Harlekin** im Zirkus jongliert er mit *Dolchen* und läßt gleichzeitig seinen kleinen rosa *Bumerang* über der Zuschauertribüne kreisen. Hoffentlich verwechselt unser **Harlekin** in dem Durcheinander nicht den *Bumerang* mit einem der *Dolche*.

AUSSPRACHE

Harfe | **has**tig

は は は

は は は

hanko	はんこ
hara	はら
haiku	はいく

← 58 → WEITER AUF SEITE 30

ひ 比 → ひ HI

Hier sehen wir den klassischen **Hinterhalt**: Den Querschnitt einer Fallgrube, in die Sie einen Widersacher locken wollen. Stellen Sie sich vor, wie Sie anhand dieses Querschnittes Ihrer begriffsstutzigen Schurkenbande das Konzept des **Hinterhaltes** in Form einer Fallgrube erst mühsam verständlich machen müssen.

AUSSPRACHE

hinfort | **Hi**tze

ひ	ひ	ひ
ひ	ひ	ひ

ひも	himo
ひいき	hiiki
ひまわり	himawari

← 65 → WEITER AUF SEITE 36

FU

不 → ふ

ふ

Die Aussprache dieses Hiragana liegt zwischen *hu* und *fu*. Pusten Sie in Gedanken (oder in der Realität) auf ein zu heißes Getränk, dann haben Sie eine Vorstellung von der richtigen Aussprache und einen guten Einstieg in die folgende Geschichte: Der **Hustensaft**, der sich hinter diesem Zeichen verbirgt, hat die Grenzen der Schulmedizin weit hinter sich gelassen. Statt Pillen brühen Sie *drei Lämmerschwänzchen* in heißem Wasser auf und nehmen den Sud morgens und abends, also 2-mal am Tage zu sich.

Lassen Sie den zweiten Strich aus dem ersten regelrecht herausfließen, sonst setzt man den Strich für 2 leicht zu weit unten an. Und lassen Sie sich nicht darauf ein, dieses Hiragana nach den vermeintlich einfacheren Druckschriftsätzen zu lernen, auch wenn diese einer alltäglichen, schnellen Handschrift ähnlicher sehen mögen als das obige Vorbild.

AUSSPRACHE

Kung **Fu** | **Fu**rie

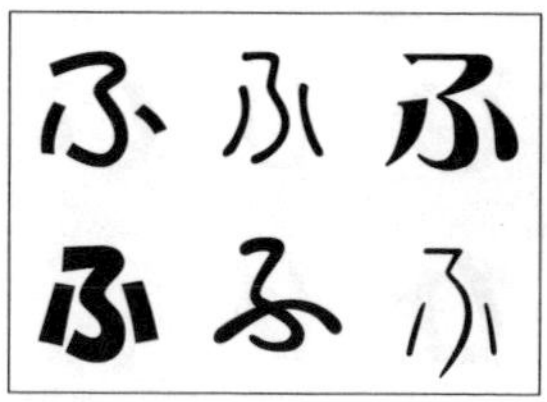

funsui	ふんすい
sofu	そふ
hifu	ひふ

← 32 → WEITER AUF SEITE 45

へ 部 →  HE

Das Zeichen ähnelt einem **Henkel**. Da dieses Wort auch eine Verknüpfung zur Aussprache des Zeichens bietet, wollen wir uns das *he* mittels eines schweren Eimers voller Heringe einprägen, unter deren Last sich sein **Henkel** in die etwas eckige Form dieses Hiragana verbiegt.

AUSSPRACHE

Henne | Hermelin

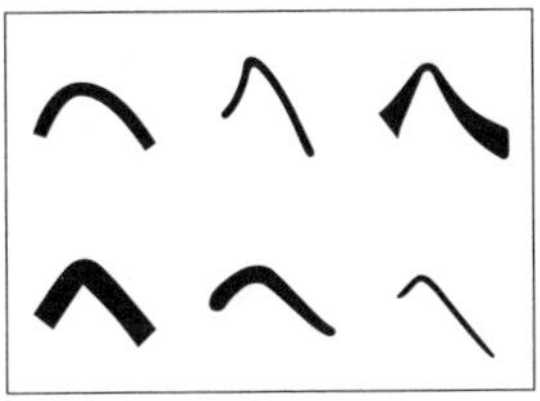

へん	hen
へい	hei
いへん	ihen

← 8 → WEITER AUF SEITE 25

HO

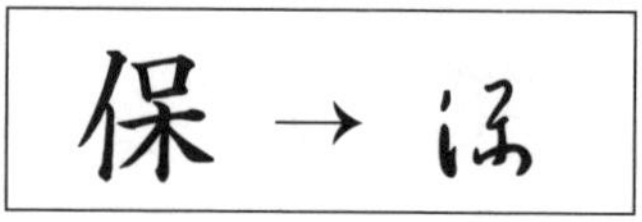

ほ

Sicher haben Sie in diesem Zeichen den *Harlekin* sofort wiedererkannt. Aber diesmal gibt es wenig zu lachen, denn wir haben es mit einer Szene aus einem **Horrorfilm** zu tun.

Der *Harlekin* hat seine Dolche beiseite gelegt und setzt gerade zu seiner großen *Schwert*nummer an, als sein unachtsam geworfener *Bumerang* ganz unvermittelt zu ihm zurückkehrt. Mit seinen scharfen Kanten trennt dieser nicht nur den Griff des *Schwertes*, sondern auch die Hand des *Harlekins* ab. Vom *Schwert* verbleiben daher nur die doppelte Parierstange und die Klinge im Zeichen. Sehen sie das grifflose Schwert auf den Manegenboden fallen, prägen Sie sich diesen kleinen **Horrorfilm** in all seinen unerfreulichen Details ein. Dann wird Ihnen auch dieses Zeichen leichtfallen.

AUSSPRACHE

Honig | Hoheit

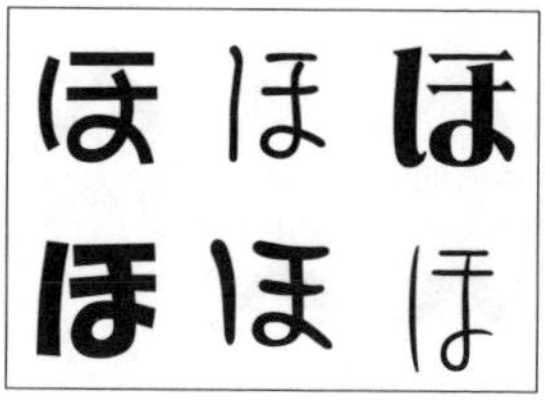

hori	ほり
hon	ほん
aho	あほ

← 26 → WEITER AUF SEITE 31

ま MA

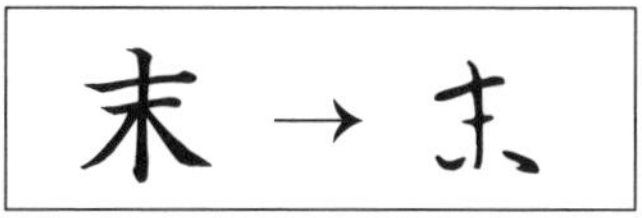

Welches Wort fällt Ihnen bei der Silbe *ma* sofort ein? Ganz recht: **Mama**. Das Zeichen verbindet das *Schwert* mit dem *Bumerang.*

Die zugehörige Assoziation ist leicht zu merken, wenn Sie sich ein genaues Bild von Ihrer **Mama** machen: Sie steht auf offenem Feld und schleudert große, schwere *Schwerter* von sich, die wie *Bumerangs* geformt sind, so daß sie stets zu ihr zurückkommen. Schauen Sie ihr dabei zu. Wie sie sich duckt, um von den vorbeizischenden *Schwertern* nicht getroffen zu werden!

AUSSPRACHE

Machete | **Ma**schine

ま	ま	ま
ま	ま	ま

こま	koma
まつ	matsu
まんにん	mannin

← 30 → WEITER AUF SEITE 38

MI

美 → 

み

Die Silbe *mi* läßt uns an **Milch** als Schlüsselwort denken. Wenn Sie sich das Zeichen genau ansehen, erkennen Sie, daß es mit den *Sieben Zwergen* beginnt, die mit ihren *Bumerangs* eine unglückliche **Milch**kuh betäuben. Sodann zücken sie ihre zwergenhaften *Dolche* und stechen Löcher in ihren Euter, um sich ohne langes Melken an ihrer **Milch** zu laben.

AUSSPRACHE
Mimose | **mi**nimal

み	み	み
み	み	み

mikan みかん
nakami なかみ
nomimasu のみます

← 6 → WEITER AUF SEITE 28

む 武 → む **MU**

Unser Schlüsselwort für dieses Hiragana wird **Mumie** sein: die uralte **Mumie** eines längst verstorbenen Herrschers, die von einer okkulten Gruppierung für ihre fragwürdigen Zwecke wiederbelebt werden soll. Dazu brauen ihre Anhänger in einem großen Topf eine magische *Suppe*, in die sie *Lämmerschwänzchen* und *Haarnadeln* werfen. Beides sicher von unfreiwilligen Spendern. Wie sie wohl die *Suppe* der **Mumie** einflößen werden?

Der erste Strich von *Suppe* ist verkürzt, da er mit den anderen Strichen auf beschränktem Platz auskommen muss. Der kleine Bogen am Ende dreht sich schließlich nach rechts ein, damit er in das Element *Haarnadel* übergehen kann.

AUSSPRACHE
Mutter | **mur**meln

む む む
む む む

むり	muri
むつ	mutsu
こむ	komu

← 13 → WEITER AUF SEITE 61

ME

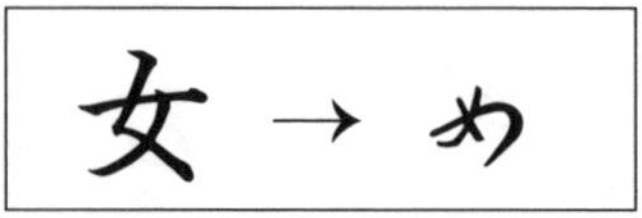

め

Dieses Hiragana soll **Medaille** als Schlüsselwort bekommen. Der erste Strich ist der *Kerl*, dem heute eine zweifelhafte Ehre zuteil wird: Als **Medaille** wird dem *Kerl* ein *Halteverbotsschild („No-Parking“)* mitten vor die Brust geheftet.

AUSSPRACHE
memorieren | **Me**than

め め め
め め め

tsume	つめ
ame	あめ
menko	めんこ

← 61 → WEITER AUF SEITE 23

も 毛 → も MO

Das Schlüsselwort für *mo* ist nichts Geringeres als der mächtige **Mont Blanc**. Schnallen Sie sich als mit den örtlichen Gepflogenheiten eher unvertrauter Tourist zwei *Schwerter* als Skier unter (oder bevorzugen Sie ein einzelnes *Schwert* als Snowboard?) und fegen Sie den **Mont Blanc** hinab wie eine *Skisprungschanze*.

AUSSPRACHE

modern | **Mo**ment

も も も
も も も

きもの	kimono
もはん	mohan
もちいる	mochiiru

← 12 → WEITER AUF SEITE 19

YA　也 → や　や

Lassen wir uns vom Klang der Silbe *ya* zu dem Schlüsselwort **Januar** inspirieren – und aus den Bestandteilen des Zeichens folgende Geschichte erdenken: Es ist **Januar**, tiefster Winter also, und Sie haben diesen Monat zur günstigsten Pflanzzeit für Lämmchen auserkoren. Reinigen Sie also Ihren Acker von herumliegenden Neujahrskrachern und plazieren Sie die irritiert blökenden Lämmchen genau *zwei* Handbreit auseinander. Legen Sie dabei in Gedanken Ihre *zwei* Hände auf den eiskalten Boden, um die Entfernung abzuschätzen. Und drücken Sie dann die zuckenden *Lämmerschwänzchen* mit ihrem *Wanderstab* in die Erde, während Sie die klare Luft des noch jungen Jahres im **Januar** genießen.

Halten Sie sich beim Schreiben dieses Zeichens stets die Reihenfolge vor Augen: *Zwei… Lämmerschwänzchen… Wanderstab.*

AUSSPRACHE
Jacht | japanisch

yamato	やまと
sakuya	さくや
yahari	やはり

← 27　→ WEITER AUF SEITE 14

ゆ | 由 → ゆ | YU

Dieses Zeichen zeigt uns den *Kerl*, eng verbunden mit *Zwei* und der gebogenen *Klinge* von Dolch oder Schwert. Allein, der hier dargestellte *Kerl* ist keine beliebige Person. Er gehört einem gewissen Berufsstand an, dessen Vertreter selten fern sind, wenn es zum Konflikt kommt und sich *zweier* Parteien *Klingen* kreuzen… Sie haben es längst erraten: Er ist **Jurist**.

Sehen Sie den **Juristen** vor sich, wie der *Kerl* sich angesichts *zweier* gekreuzter *Klingen* die Hände reibt?

AUSSPRACHE

jung | **Ju**ckreiz

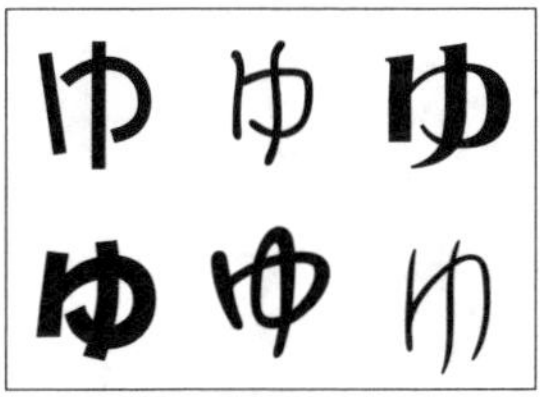

あゆ	ayu
ゆらい	yurai
ゆき	yuki

← 15 → WEITER AUF SEITE 20

YO

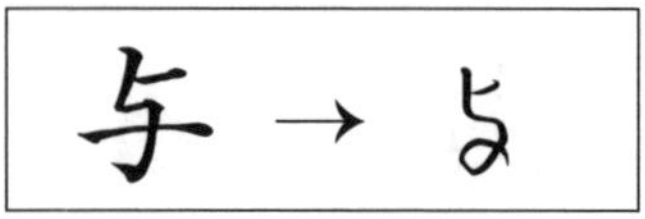

よ

Auch bei diesem Zeichen arbeiten wir mit der ersten Lautassoziation, die uns in den Sinn kommt: *yo*? **Joghurt**. Die Bestandteile, mit denen wir zu arbeiten haben, sind ein *Lämmerschwänzchen* und ein sehr, sehr langer *Bumerang* (die gesamte vertikale Linie ist Teil von ihm).

Um diese Teile zusammenzuführen, stellen Sie sich einen *Bumerang* mit einem stark verlängerten Flügel vor, in den ein Loch gebohrt wurde. Stecken Sie das *Lämmerschwänzchen* hindurch und machen Sie einen Knoten hinein, damit es fest sitzt. Werfen Sie nun das Ganze in die Luft, während eine Gruppe von Leuten das Lämmchen mit einer Handvoll **Joghurt** bewirft.

Sie können das Bild wie folgt „lesen", um die Strichreihenfolge zu memorieren: Leute werfen mit **Joghurt** nach Lämmern, deren *Schwänzchen* an lange *Bumerangs* geknotet sind.

AUSSPRACHE

May**o**nnaise | **Jo**deln

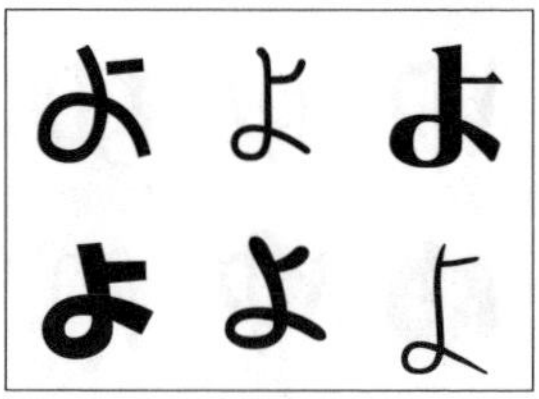

yokei	よけい
yoko	よこ
yon	よん

← 31 → WEITER AUF SEITE 21

ら 良 → ら **RA**

Der Laut dieses Zeichens lässt uns an einen **Raben** denken, was uns zusammen mit den Bestandteilen dieses Hiraganas ein lustiges Bild beschert. *Schwänzchen* und *2* sind altvertraut. Neu ist nur der zweite, vertikale Strich. Nennen wir ihn so, wie er aussieht: Eine *1*.

Nun müssen Sie sich nur noch einen alten **Raben** vorstellen, der mit ernster Miene und zackig-militärischen Schritten über Ihren alten Schulhof marschiert, wobei sein *Schwänzchen* im strammen Takt seiner Schritte unwillkürlich von rechts nach links wippt. Hören Sie seine krächzende Stimme rufen: „*1 – 2 (tsu-wai)*! *1 – 2 (tsu-wai)*!“?

AUSSPRACHE
radfahren | **Ra**nd

ら ら ら
ら ら ら

へら	hera
らん	ran
へつらう	hetsurau

← 17 → WEITER AUF SEITE 16

RI

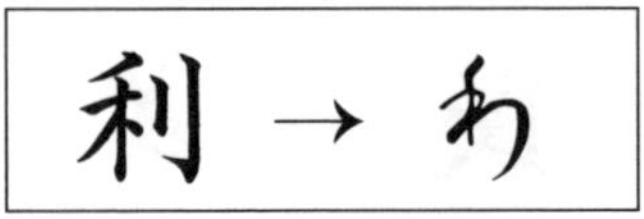

り

Beim Zeichen für *ri* haben wir es mit einem gewaltigen **Riesen** zu tun. Dieser wahrhaft große *Kerl*, das Element kennen Sie ja bereits, trägt über der Schulter eine gewaltige *Sense*, deren langgezogene Klinge der zweite Bestandteil dieses Zeichens ist.

Denken Sie an folgenden Satz, wenn Sie das Zeichen üben: „Der **Riese** ist ein großer *Kerl* mit einer laaaangen *Sense* über der Schulter."

In manchen Schriftsätzen sind die beiden Striche dieses Hiragana verbunden, aber es ist empfehlenswert, das Zeichen nach dem obigen handgeschriebenen Modell zu lernen. Es kann Ihnen besser als die stilisierten Varianten ein Gefühl für den richtigen Fluß des Zeichens vermitteln.

AUSSPRACHE
Richtung | Rinde

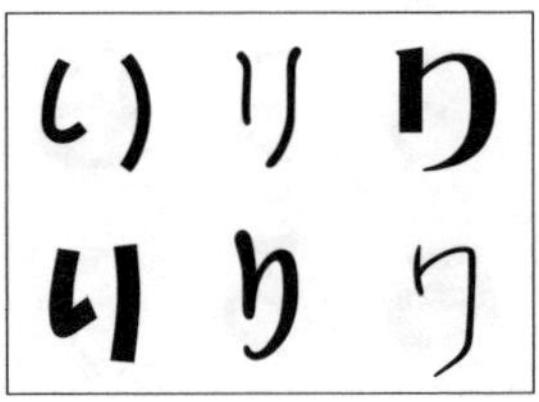

riku	りく
heri	へり
nori	のり

← 55 → WEITER AUF SEITE 18

る 留 → る **RU**

Die Einzelteile dieses Zeichens springen einem förmlich ins Auge: Der *Rollmops* und der *Bumerang*. Unser Schlüsselwort soll **Rundfahrt** sein.

Stellen Sie sich eine Gruppe deutscher Pauschaltouristen auf Rundfahrt in Afrika vor. Natürlich verzichtet diese auch auf einer **Rundfahrt** durch die Savanne nicht auf ihren zünftigen *Rollmops* zum Mittagessen. Der Reiseleiter, solche Ansprüche längst gewohnt, reicht denn auch eine Platte mit *Rollmöpsen* herum, die der Stimmung halber von kleinen *Bumerangs* statt der üblichen Holzpiekser zusammengehalten werden.

AUSSPRACHE

rumoren | **R**um

る る る
る る る

はる	haru
さる	saru
ぬるい	nurui

← 43 → WEITER AUF SEITE 44

RE

礼 → 

れ

Die Silbe *re* läßt uns an eine **Reparatur** denken: Die *Wanderstäbe* unserer *Sieben Zwerge* haben durch die erfolgreiche Schlacht einiges an Schönheit eingebüßt und werden liebevoll **repariert**. Es bleibt jedoch nicht nur beim Ausbessern und Einölen, unsere erfinderischen *Sieben Zwerge* schrauben zusätzlich *Henkel* an ihre *Wanderstäbe*, damit sie bei der nächsten Schlacht fester in der Hand liegen.

Achten Sie auf den dekorativen Schnörkel am Ende des *Henkels*, auf den die trendbewußten Zwerge nicht verzichten konnten.

AUSSPRACHE
Trend | **retten**

れ れ れ
れ れ れ

hore	ほれ
nureta	ぬれた
noren	のれん

← 44 → WEITER AUF SEITE 24

ろ　　呂 → ろ　　**RO**

Wissen Sie, aus wieviel Zutaten ein **Rollmops** besteht? Richtig, es sind ihrer drei: Fisch, Gurke und Zwiebel machen den **Rollmops** aus, und die Ziffer 3 ist eine gute Hilfe, um sich das Hiragana *ro* zu merken, welches fast genauso aussieht wie die 3.

AUSSPRACHE
Makka**ro**ni | romantisch

ろ ろ ろ
ろ ろ ろ

ろく	roku
いろ	iro
ろんこく	ronkoku

← 23　　→ WEITER AUF SEITE 41

WA

和 → わ

わ

Mit den nächsten drei Hiragana werden wir lernen, zwei Einzelteile zu kombinieren, die beide neu sind. Der erste, vertikale Strich (welcher weder gekrümmt ist noch in einem Haken endet, wie der für unseren *Kerl*) wird ein *Wanderstab* sein. Die nächste Form, einer 7 ähnlich, wird für die *Sieben Zwerge* stehen. Altbekannt: Die 2.

Der Silbenlaut *wa* läßt uns an einen **Wanderfalken** denken, welcher für ein sehr lebendiges Bild sorgt: Während die nichtsahnenden *Sieben Zwerge* mit lautem Zwergengesang ihres Weges ziehen und einen kleinen Berg erklimmen, wobei sie sich auf ihren *Wanderstäben* abstützen, stößt unversehens ein **Wanderfalke** auf die Kleinen nieder und schnappt sich mit seinen mächtigen Klauen *zwei* von ihnen. Die anderen gehen – die *Wanderstäbe* schwingend – zum Angriff über und prügeln mit ihnen auf den **Wanderfalken** ein, bis er endlich von ihren *zwei* Kumpanen abläßt.

AUSSPRACHE

Chihua**hua** | **Wow!**

わ わ わ
わ わ わ

wani	わに
awa	あわ
wataru	わたる

← 41 → WEITER AUF SEITE 42

を | 遠 → を | WO

Das Zeichen ist wie ein Brandeisen aus den miteinander verwobenen Buchstaben **t**, **h** und **c** zusammengesetzt, die Sie leicht erkennen können.

Dazu der Laut *wo* und ein verirrter Gaststudent, der Sie in der Fußgängerzone fragt: „**Wo** geht's zur Technischen Hochschule Chemnitz?" Aber vielleicht fällt Ihnen ja selbst noch etwas Einprägsames ein, das man mit T.H.C. abkürzen könnte. Dann können Sie selbst in der Fußgängerzone umherlaufen und fragen, **wo** denn nun der, die oder das T.H.C. zu finden ist.

Achten Sie auf die Aussprachebeispiele.

AUSSPRACHE

Suzie **Wo**ng | fl**uo**reszieren

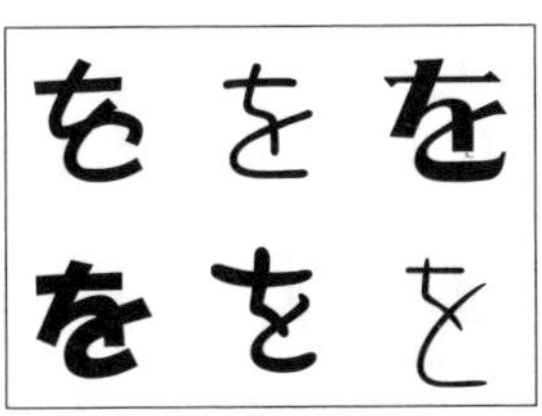

← 28 → WEITER AUF SEITE 47

N

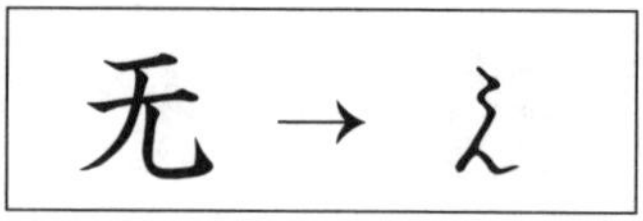

ん

Das erste Hiragana, welches wir lernen, ist auch das einfachste. Es ist genauso wie ein kursives lateinisches **n** (*n*), nur hat es einen längeren Hals.

Folgt in der lateinischen Umschrift auf dieses Hiragana ein Vokal, so wird ein Apostroph eingefügt, um eine klare Unterscheidung zu *na*, *ni*, *nu*, *ne* oder *no* zu ermöglichen. Schon im Verlauf der LEKTION 1 werden wir einem Beispiel für dieses Apostroph begegnen.

AUSSPRACHE

nehmen | **N**atur

← 53 → WEITER AUF SEITE 2

゛ Nigorierungszeichen

Durch dieses Zeichen wird aus einem stimmlosen ein stimmhafter Konsonant, der mit vibrierenden Stimmbändern ausgesprochen wird. Stellen Sie sich die zwei kleinen Striche einfach als skizzierte Stimmbänder vor.

Wie in den Tabellen auf Seite 68 und 69 dargestellt, verwandeln sich die Konsonanten der *ka* Reihe (*ka, ki, ku, ke, ko*) in *ga, gi, gu, ge* und *go*. Entsprechend wird aus dem mit stimmlosem „*s*" ausgesprochenen *sa* ein stimmhaftes *za* (und so fort), *ta* wird zu *da* und – was den deutschen Leser verwundern mag – *ha* zu *ba*. Sie sollten die Vibration dieser weichen Aussprache spüren können. じ und ぢ werden weitgehend gleich ausgesprochen (nämlich *ji*, wie in dem Namen Jim). Auch ず und づ (*zu*, wie in Suppe) unterscheiden sich in der Aussprache nur minimal. Unten ist eine Reihe von Beispielen aufgeführt.

zange	ざんげ	dobu	どぶ
zen	ぜん	giji	ぎじ
zoku	ぞく	gobi	ごび
mabo	まぼ	guzu	ぐず
debeso	でべそ	daba	だば
tsuzuku	つづく		

*Die zwei Striche des **Nigorierungszeichens** werden immer zuletzt gesetzt, nachdem das Hiragana in seiner Ausgangsform vollständig geschrieben wurde.*

← 45 → WEITER AUF SEITE 48

Plosivzeichen

Das **Plosivzeichen** zeigt an, daß der entsprechende Konsonant mit einem „Plopp" auf den Lippen „explodiert". Vielleicht ist es ja deshalb auch so rund wie ein Sektkorken, der ja ebenfalls mit einem „Plopp" aus dem Flaschenhals kommt. Nur fünf Hiragana können mit dem **Plosivzeichen** versehen werden, und alle kommen aus der selben Gruppe: *ha, hi, hu, he* und *ho* werden zu *pa, pi, pu, pe* und *po* (siehe auch die Tabelle auf Seite 69). Beispiele folgen sogleich.

kanpai	かんぱい
enpitsu	えんぴつ
senpu	せんぷ
inpei	いんぺい
pokari	ぽかり

← 47 → WEITER AUF SEITE 65

Lektionen

Lektion 1

Bevor Sie beginnen, machen Sie sich kurz mit den Elementen vertraut, die Ihnen auf den nächsten Seiten begegnen werden.

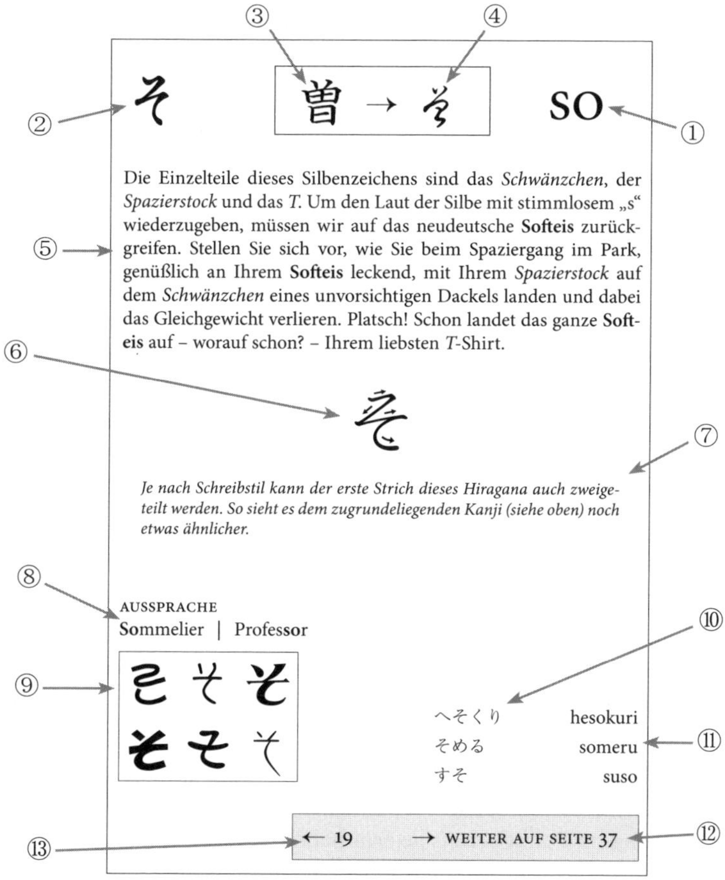

① Aussprache des betreffenden Hiragana in standardisierter Umschrift.

② Das Hiragana-Zeichen.

Die Platzierung der Elemente wird Ihnen später bei Wiederholungen hilfreich sein. Bei halb verdeckter Seite können Sie durch die Umschriften blättern, während das Hiragana verdeckt bleibt.

③ Das ursprüngliche chinesische Schriftzeichen (oder Kanji), aus dem sich das betreffende Hiragana entwickelt hat.

④ Das gleiche Kanji als Kalligraphie zeigt Ihnen noch deutlicher, wie es zum heutigen Hiragana-Zeichen kam.

Sie sollten nicht versuchen, die Informationen in diesem Kasten jetzt schon zu lernen. In einer späteren Lernphase mag das für Sie jedoch interessant und hilfreich sein, um die Aussprache des ursprünglichen Kanji zu studieren.

⑤ Eine Erklärung, mit der Sie sich das Hiragana leicht merken können.

⑥ Anleitung zur Schreibweise des Zeichens, Strich für Strich. Genauso wie es japanische Schulkinder machen, wenn sie das Zeichen schreiben lernen.

⑦ Von Zeit zu Zeit wird eine zusätzliche Erklärung beigefügt. Sie enthält Informationen zu Schreibweise oder Aussprache des betreffenden Hiragana und ist kursiv gedruckt.

⑧ Deutsche Wörter werden als Aussprachehilfe angegeben, da die Umschrift in lateinischen Buchstaben auf Deutsch ausgesprochen nicht immer den exakten Laut des Hiragana wiedergibt.

⑨ Dieser Kasten enthält sechs Beispiele verschiedener Schreibstile, um Ihnen die Variabilität der Schreibweise zu verdeutlichen. Sie sollten sich nicht bemühen, diese Schreibweisen zu imitieren; es ist ausreichend, daß Sie sich kurz die Zeit nehmen, sie zu erkennen.

⑩ ⑪ Beispielwörter, in denen die bereits gelernten Zeichen auftauchen. Die Beispiele verwenden nur die Zeichen, die Sie bis zu diesem Punkt bereits gelernt haben. Sie sollten sie also alle identifizieren und auch aus der Umschrift ableiten können. Lassen

Sie keines der Beispiele aus; mit der Bedeutung der Worte müssen Sie sich jedoch nicht befassen.

⑫ Fahren Sie auf dieser Seite fort, wenn Sie die aktuelle Seite bearbeitet haben.

⑬ Die Seite von der Sie kamen.

Falls Sie es noch nicht getan haben, sollten Sie jetzt etwas kariertes Papier bereitlegen. Viel stärker als weißes oder liniertes wird Ihnen das karierte Papier dabei helfen, beim Üben die Form Ihrer Hiragana in der richtigen Balance zu halten. Arbeiten Sie mit Kästchen von etwa 1 cm Kantenlänge.

Und noch eines: Sehen Sie kurz auf die Uhr und notieren Sie die Zeit. In weniger als 30 Minuten von jetzt an werden Sie aufgefordert, die Zeit, die Sie für die ersten neun Kana benötigt haben, in den unten stehenden Kasten einzutragen.

→ WEITER AUF SEITE 46

Zeit: LEKTION 1

Ich gratuliere! Sie haben soeben 9 von 46 Hiragana gelernt und dazu vermutlich weniger als 30 Minuten gebraucht.

Oben sehen sie einen kleinen Kasten mit dem Hinweis *Zeit: LEKTION 1.* Tragen Sie dort ein, wie lange Sie für die erste Lektion benötigt haben. Wir werden dies am Ende jeder Lektion wiederholen.

Apropos wiederholen: Wenn Sie sich für jedes der Zeichen ein wenig Zeit nehmen, mehrmals seine Schreibweise üben, dabei den Erklärungstext im Geiste durchgehen und sich dann mit allen Beispielworten selbst testen, sollten sich Wiederholungen erübrigen. Sollten Sie doch irgendwo hängen bleiben, gehen Sie zur ALPHABETISCHEN KANA-LISTE auf Seite 70, wählen Sie das problematische Hiragana und gehen dann noch einmal komplett von oben bis unten durch die entsprechende Seite im Buch. Egal was Sie tun, verschwenden Sie nicht Ihre Zeit, indem Sie die Hiragana wieder und wieder schreiben.

Falls Sie sich fragen, ob Sie durch das Erlernen der Schreibweise der Hiragana diese auch lesen lernen – ich kann Sie dessen versichern. Lassen Sie mich Ihnen kurz zeigen, wie einfach es ist: Versuchen Sie, die folgenden sechs Worte laut zu lesen:

いけん	のく
いんこ	あへん
くに	この

Alle Laute, die wir bislang gelernt haben, sind in diesen Worten enthalten. Noch einmal: Kümmern Sie sich nicht um ihre Bedeutung, das Einzige, worum es hier geht, ist das Erlernen der Silbenzeichen.

Falls Sie geplant haben, sofort mit LEKTION 2 auf der nächsten Seite weiterzumachen, ändern Sie diesen Plan und machen Sie mindestens 30 Minuten Pause. Machen Sie einen Spaziergang oder legen Sie sich kurz auf's Sofa. Nachdem Sie vor Ihrem geistigen Auge Bilder wie Schmetterlinge haben hin- und hertanzen sehen, wird Ihnen Ihr Gehirn für eine kurze Pause dankbar sein.

ENDE VON LEKTION 1

Lektion 2

Jetzt, da Sie sich erholt haben, sind wir bereit für Lektion 2. Nur um die grauen Zellen anzuregen, schreiben Sie die folgenden Worte in Hiragana:

iken	*noku*
inko	*ahen*
kuni	*kono*

Falls Sie Schwierigkeiten hatten, vergleichen Sie Ihre Lösungen mit den Antworten auf der vorhergehenden Seite. Aber halten wir uns nicht mit Altbekanntem auf; es ist Zeit, sich wieder auf noch *Unbekanntes* zu konzentrieren.

Diese Lektion umfaßt acht Hiragana, unter ihnen einige von denen, die Anfänger wegen ihrer Ähnlichkeit besonders leicht verwechseln. Wie wir sehen werden, können Sie sich dies ersparen, wenn Sie Ihre Aufmerksamkeit auf die Einzelteile richten, aus denen sich die Hiragana zusammensetzen.

Kurz auf die Uhr geschaut, dann kann es losgehen…

→ WEITER AUF SEITE 40

Zeit: LEKTION 2

Soviel zu den acht Hiragana aus LEKTION 2. Notieren Sie Ihre Zeit in dem Kasten auf der vorhergehenden Seite und bereiten Sie sich schon einmal geistig auf die nächste Pause vor. Aber zunächst gibt es ein kleines Extra dafür, daß Sie es schon bis hierher geschafft haben.

In der ALLGEMEINEN EINFÜHRUNG wurde bereits erwähnt, daß die Hiragana in diesem Buch in der Reihenfolge aufgeführt sind, nach der sie auch in Wörterbüchern geordnet werden. Da dies nicht gleichzeitig die beste Reihenfolge zum Erlernen der Zeichen ist, müssen Sie gerade von Seite zu Seite springen. Bei Gelegenheit sollten Sie sich aber die Wörterbuch-Reihenfolge merken, damit Sie sich schnell in japanischen Wörterbüchern, Listen und dergleichen zurechtfinden. Um Ihnen dabei zu helfen, untermale ich die Reihenfolge für Sie mit einem kleinen Lied, wodurch diese Aufgabe für Sie so einfach wie möglich wird.

Sicher kennen Sie das Lied „Frère Jacques“ aus dem Französischunterricht:

Frère Jacques,	*Bruder Jakob,*
Frère Jacques,	*Bruder Jakob,*
Dormez-vous? Dormez-vous?	*Schläfst Du noch? Schläfst Du noch?*
Sonnes les matines,	*Hörst Du nicht die Glocken?*
Sonnes les matines,	*Hörst Du nicht die Glocken?*
Din, din, don. Din, din, don.	*Ding, dang, dong. Ding, dang, dong.*

Als Anfang ersetzen wir die ersten zwei Worte durch die vier Silben

A – KA – SA – TA …

Die erste Zeile soll erst einmal genügen. Lassen Sie für den Rest des Tages diese vier Silben zur Melodie von „Frère Jacques“ in ihrem Kopf erklingen. Singen Sie sie vor sich hin, wenn Sie Gelegenheit dazu haben. In den folgenden Lektionen werden wir den Rest des Liedes kennenlernen und herausfinden, was all' dies bedeutet. Damit Ihnen die Erklärung einleuchtet, müssen Sie aber noch ein paar mehr Hiragana an Bord holen.

ENDE VON LEKTION 2

Lektion 3

Wir haben nun schon mehr als ein Drittel der Hiragana erlernt, und Sie liegen wahrscheinlich vor dem Zeitplan. Um sicherzustellen, daß Sie sich dabei nicht selbst vorgreifen, nehmen wir uns kurz die Zeit, die grundlegenden Prinzipien darzustellen, nach denen Sie bislang gelernt haben.

Bei jedem Zeichen wurden Sie durch vier Stationen geleitet, die sich wie folgt zusammenfassen lassen:

1. Die näherungsweise Aussprache des Hiragana wird mit einem Äquivalent aus dem Alphabet oder einem Wort beschrieben, welches ähnlich klingt und nach Möglichkeit eine klare und konkrete Bedeutung hat.
2. Dieses Wort bezeichnen wir als „Schlüsselwort". Es wird mit einer Assoziation verbunden, welche entweder aus der Form eines Buchstabens des Alphabets oder einem Bild erwächst, welches mit dem Schlüsselwort verbunden ist.
3. Besteht dieses Bild aus mehreren Teilen, so werden die Einzelteile hervorgehoben, indem vom Gesamtbild ausgehend besondere Aufmerksamkeit auf sie gelenkt wird.
4. Nun schreiben Sie das Hiragana, während Sie das Bild vor dem geistigen Auge zusammensetzen und sich die Bedeutung der jeweiligen Einzelteile vor Augen führen.

Jedermanns Gedächtnis funktioniert auf andere Weise, aber eines ist stets gleich: Auch wenn Sie Ihre mentale Kraft so effektiv wie möglich einsetzen, wird Ihr Gedächtnis von Zeit zu Zeit über seine eigenen Füße stolpern und Sie glauben lassen, daß Sie etwas wüßten, was Sie tatsächlich nicht wissen. Die Lektionen wurden bewußt kurz gehalten, um Konzentrationsverluste zu minimieren. Gleichwohl kann es immer einzelne Hiragana geben, mit denen Sie Schwierigkeiten haben. Untersuchen Sie diese genau, um festzustellen, an welcher der vier Stationen Ihr Gedächtnis ungenau arbeitet. Achten Sie dann in Zukunft besonders auf diese Station.

Es wäre sinnlos, Ihre bisherigen Lernschritte zu wiederholen. Aber wir können sicherstellen, daß Sie den Grundgedanken verstanden haben. Versuchen Sie einmal, die Schlüsselworte (Station 1) der folgenden Hiraganasilben zu identifizieren.

i	*ni*
ke	*ku*
n	*a*

Sie sollten damit keine Probleme haben. Für den Fall, daß dem doch so ist, sollten Sie in der ALPHABETISCHEN KANA-LISTE auf Seite 70 die Seitenzahl der entsprechenden Hiragana nachschlagen und das Gelernte kurz auffrischen. Dabei können Sie auch die bereits bearbeiteten Hiragana abhaken. So können Sie schneller ermitteln, was Sie wiederholen möchten, wenn Sie Ihr Wissen testen wollen.

In den folgenden Lektionstexten werden wir jede der Stationen eingehend behandeln. Versuchen Sie aber schon in dieser Lektion, sie alle bewußt zu durchschreiten.

Ein kurzer Blick auf die Uhr, und los geht's…

→ WEITER AUF SEITE 26

Zeit: LEKTION 3

Schon ist auch LEKTION 3 abgeschlossen. Vergessen Sie nicht, die Zeit in den obigen Kasten einzutragen.

Keine Lektion wird mehr so schwierig sein wie diese. Den Gipfel haben

Sie erklommen, und von nun an geht es sachte bergab. Also bleiben Sie im Zeitplan und bleiben Sie konzentriert. Die Lektionen sind kurz genug, aber überstürzen Sie nichts. Und überspringen Sie vor allem keine der 4 Stationen, die auf der vorhergehenden Seite beschrieben wurden.

Kennen Sie unser kleines Hiragana-Lied noch? Erinnern Sie sich an die erste Zeile? Hoffentlich haben Sie sie im Kopf, denn jetzt geht es weiter.

A – KA – SA – TA
NA – HA – MA – YA

Versuchen Sie, beide Zeilen zu singen, eine nach der anderen, bis sich Worte und Melodie fest in Ihrem Geist verankert haben. Summen Sie sie tagsüber vor sich hin und abends noch einmal vor dem Schlafengehen. Wenn Sie dann morgens mit unserem kleinen Lied auf den Lippen aufwachen, sind Sie bereit für die letzte Zeile.

Nun ist es wieder Zeit für eine Verschnaufpause. Falls Sie das Wiederholen nicht lassen können (und wie empfohlen die gelernten Zeichen markiert haben), versuchen Sie doch einmal, das Buch so weit zu öffnen, daß nur die lateinische Umschrift sichtbar ist. So finden Sie schnell heraus, ob Sie schon alle behandelten Hiragana schreiben können.

ENDE VON LEKTION 3

Lektion 4

In der vorigen Lektion haben wir besonders der ersten Station Aufmerksamkeit gewidmet, dem Isolieren des Schlüsselwortes. In den neun Hiragana dieser Lektion konzentrieren wir uns auf die Art und Weise, in der wir das mit dem Schlüsselwort verbundene „Bild“ nutzen – eine etwas komplexere Aufgabe.

Auf die Wichtigkeit eines klaren „Bildes“ kann nicht deutlich genug hingewiesen werden. Sollten Sie Probleme haben, versuchen Sie, sich das Bild langsam selbst zu beschreiben. So hat es genügend Zeit, vor Ihren Augen lebendig zu werden. Wenn Sie ein wenig, über die für Sie problematischen Hiragana nachdenken, werden Sie vermutlich auf ein zu vages oder schlecht ausgestaltetes Bild als Ursache des Problems stoßen. Gerade Assoziationen mit Erinnerungen an bestimmte Menschen, Orte, Tiere und so fort – die ersten Dinge, die Ihnen einfallen, sind meist die besten – werden Ihnen hier von großer Hilfe sein.

Selbst für den Fall, daß die Erklärung eines Hiragana Ihnen so einleuchtend erscheint, daß Ihnen ein Durchlaufen der vier Stationen sinnlos vorkommt, sollten Sie sich, bevor Sie weiterblättern, wenigstens Zeit nehmen für einen kurzen Blick über die Schulter und die Frage: „Wie lautete doch gleich das Schlüsselwort? Und wie kam ich von ihm zu meinem Bild?“ Falls Sie etwas Zeit haben, könnten Sie sogar einmal alle bereits gelernten Hiragana wiederholen und sich mit diesen Fragen prüfen. (Verwenden Sie dazu die Alphabetische Kana-Liste auf Seite 70, falls sie dort die bekannten Zeichen markiert haben.)

Haben Sie es eilig, mit Lektion 4 fortzufahren, so machen Sie wenigstens den folgenden Kurztest. Können Sie Schlüsselwort und Bild der folgenden Silben vor ihrem geistigen Auge heraufbeschwören?

yo	*i*	*ma*
ri	*na*	*ha*
ta	*ni*	

Es ist nun an der Zeit, sich wieder auf den Weg zu machen. Werfen Sie kurz einen Blick auf die Uhr und bereiten Sie sich darauf vor, die von vielen als am schwierigsten angesehenen Hiragana zu lernen. Sie werden überrascht sein, wie ein wenig geistreiche Organisation von meiner Seite und ein zusätzlicher Moment der Konzentration auf ein klar und lebendig vorgestelltes Bild von Ihrer Seite dazu beitragen werden, Sie wie der Wind durch die Zeichen hindurchfegen zu lassen.

→ WEITER AUF SEITE 34

Zeit: LEKTION 4

Siebzig Prozent unserer Reise sind vorüber, und Sie haben allen Grund zum Feiern. Notieren Sie Ihre Zeit im obigen Kasten und gönnen Sie sich dieses mal eine etwas längere Pause als üblich. Vielleicht warten Sie mit der nächsten Lektion sogar bis morgen – nur um sicherzustellen, daß Sie auf Ihrem Weg vom Gipfel der Hiragana nicht zu schnell zwischen den verbleibenden Zeichen hindurchrutschen. Vergessen Sie nicht, daß es fast so sehr darauf ankommt, *wie* man lernt als *was* man lernt.

Hier noch die dritte Zeile unserer Version von „Frère Jacques“:

A – KA – SA – TA
NA – HA – MA – YA
RA – WA –N, RA – WA – N.

Auf bald…

ENDE VON LEKTION 4

Lektion 5

Keines der Hiragana dieser Lektion ist besonders schwierig, aber sie erfordern alle ein klares geistiges Bild (Station 2, die wir in der vorhergehenden Lektion vertieft haben). Lassen Sie uns nun Station 3 näher beleuchten.

Konzentrieren Sie sich auf die Teile des Bildes, welche die Einzelteile des kompletten Schriftzeichens darstellen.

Es klingt so einfach, daß man versucht ist, es zu übergehen. Aber der Schein trügt.

Wenn Sie Ihr erstes Bild formen, wird Ihr Geist hauptsächlich mit bloßer Wortassoziation arbeiten und das Bild wird auf Ihrer geistigen Bühne ständig auftauchen und wieder verschwinden wie ein übereilter Requisiteur. Besser ist es, das Bild mitten auf diese Bühne zu ziehen, alle Scheinwerfer auf es zu richten und zu beobachten, was geschieht, wenn man es sich selbst überläßt. Sie „leiten" es durch Konzentration auf die entscheidenden Teile (diejenigen, welche mit den Strichen des Zeichens in Verbindung stehen) und warten dann geduldig, Augen geschlossen, bis die Magie Ihrer Phantasie sich regt und Komisches, Lächerliches, Abstoßendes oder sonstwie Einprägsames geschieht. Nur dann haben sich Worte in Bilder verwandelt, und Bildern können Sie als Gedächtnisstütze vertrauen. Das ist der entscheidende Schritt dieser Lernmethode. Achten Sie darauf, daß Sie ihn selbst erleben.

Was hat das jeweilige Bild und seine entscheidenden Einzelteile für Sie beim Lernen so einprägsam gemacht? Prüfen Sie das mit dieser Liste:

ma	*mu*
ta	*yo*
su	*ki*

Kümmern Sie sich nicht darum, daß so viele Einzelteile wieder und wieder auftauchen. Dieser Effekt wurde beabsichtigt, um das bloße Auswendiglernen zu eliminieren oder doch wenigstens zu reduzieren und Ihnen mehr Raum zur Konzentration auf Ihr „erfinderisches Gedächtnis“ zu lassen.

In anderen Worten: Statt Ihr Gedächtnis mit zu vielen „Einzelteilen“ vollzustopfen, sollten Sie lieber Ihren Kreativitätsmuskel anspannen und eine große Anzahl von Bildern aus einer kleinen Anzahl von einfachen Einzelteilen erschaffen.

Nun, genug der Theorie. Es ist an der Zeit, sich wieder der Praxis zuzuwenden. Notieren Sie die Zeit, und weiter geht's mit LEKTION 5.

→ WEITER AUF SEITE 12

Zeit: LEKTION 5

Wenn Sie meinem Rat gefolgt sind, empfanden Sie diese Lektion vielleicht als recht anstrengend. Aber geben Sie nicht auf. Nur noch eine Lektion steht aus, und auch sie wird einige Aufmerksamkeit verlangen. Notieren Sie zunächst die Zeit im obigen Kasten.

Eigentlich kennen Sie schon das komplette „Hiragana-Lied“. Wir fügen nur noch ein kleines Ende an, damit der Rest der Melodie nicht völlig in der Luft hängt:

A – KA – SA – TA
NA – HA – MA – YA
RA – WA –N, RA – WA – N.

Ich kenn' alle Kana! Ich kenn' alle Kana!
Ding, dang, dong. Ding, dang, dong.

Klären wir nun die Bedeutung des Ganzen. Die japanische Silbenschrift wird anders als das westliche Alphabet geordnet. Stellen Sie sich die Laute als in zwei Richtungen aufgereihte Sortierungen vor. Schlagen Sie die KANA-TABELLE auf Seite 68 auf, und Sie wissen, was gemeint ist.

Alle Silben sind vertikal nach der Reihenfolge der fünf Vokallaute aufgereiht, welche, allein oder in Verbindung mit einem Konsonanten die grundlegenden phonetischen Elemente der japanischen Sprache bilden (der Einzelkonsonant ん ist die einzige Ausnahme). Sie folgen der Sequenz あいうえお, wie in der Spalte ganz links. Es ist unnötig, sich für diese Sequenz eine Gedächtnisstütze auszudenken; alle die ich kenne, haben Sie in wenigen Sekunden gelernt.

In der Horizontalen folgen die Silben der Reihenfolge, die wir in unserem kleinen Lied gelernt haben. Also wird ein Wörterbuch zunächst die mit あ, い, う, え und お beginnenden Wörter aufzählen, dann die mit か, き, く, け und こ. Es folgen さ, し, す… und so weiter und so fort. Sicher erkennen Sie nun, warum es so wichtig war, die Abfolge der elf Silben durch unser kleines Lied zu lernen. Ohne sie würden Sie eine Menge Zeit mit ziellosem Herumblättern in japanischen Wörterbüchern verschwenden.

Das soll erst einmal reichen. Sie haben sich vor der letzten Lektion eine Ruhepause verdient.

ENDE VON LEKTION 5

Lektion 6

Mit dieser Lektion sind Sie am Ende dieses Kurses angelangt. Nur noch sieben Hiragana und zwei diakritische Zeichen trennen Sie von dem Ziel, alle Hiragana lesen und schreiben zu können.

Für die letzte Lektion habe ich absichtlich diejenigen Hiragana aufgehoben, die als „Ausnahmen" bezeichnet werden könnten, jedenfalls insofern sie leichte Abweichungen der vertrauten Elemente nach sich ziehen. Da Sie Ihnen erst in dieser späten Lernphase begegnen, können Sie sich immerhin damit trösten, daß es nach ihnen keine weiteren Hiragana mehr zu lernen gibt.

→ WEITER AUF SEITE 27

Zeit: LEKTION 6

Der Kurs ist durchlaufen. Notieren Sie Ihre Zeit im Kasten über dem Text und nehmen Sie sich eine Minute Zeit, um herauszufinden, wie lange Sie gebraucht haben, um die ひらがな zu lernen. Addieren Sie dazu die Zeiten aus allen Kästen und notieren Sie im Kasten auf der nächsten Seite die Summe. Eines Tages möchten Sie vielleicht jemanden davon überzeugen, nach der gleichen Methode zu lernen, wie Sie es getan haben – Ihre Aufzeichnungen werden für sich selbst sprechen.

Wie Sie jetzt zweifellos selbst erkannt haben, ist die Hauptsache, daß Sie Ihre Aufgabe durch bewußte Zeiteinteilung in leicht verdauliche Stücke aufgespalten haben, was Sie sicher auf Ihrem Weg motiviert hat.

Es gibt in diesem Kurs keine Schriftzeichen mehr zu lernen. Das haben Sie hinter sich. Es gibt nur noch drei Dinge, die Sie über die Hiragana wissen müssen. Einige von ihnen wurden schon in den Lektionen angedeutet, und alle von ihnen werden besser im täglichen Gebrauch der Hiragana gelernt als durch stures Auswendiglernen irgendwelcher „Regeln“: (1) die Zusammensetzung der Diphthonge, (2) die Schreibweise für langgezogene Vokale und (3) die Konsonantenverdopplung. Gehen wir sie kurz einmal durch.

1. Für die Diphthonge wurde eigens eine Tabelle auf Seite 69 erstellt, die alle möglichen Kombinationen für die Hiragana (und Katakana) zeigt. Die zweite Vokalsilbe wird tief- und der Hauptsilbe nachgestellt.
2. Langgezogene Vokale – man hält sie doppelt so lange wie normale Vokale – werden für gewöhnlich mit einem う gebildet, welches einem *o*- oder *u*-Laut nachgestellt wird, wie etwa in とうきょう, じゅうどう oder すもう. Ihre Umschrift ins lateinische Alphabet erfolgt durch ein Längungszeichen (Makron) über dem langgezogenen Vokal. Die ebengenannten Worte würden also wie folgt geschrieben: *Tōkyō*, *jūdō* und *sumō*.
3. Konsonanten schließlich können in ähnlicher Weise verdoppelt werden wie die Vokale verlängert: Man gesteht ihnen einfach die doppelte Zeit zu. Während Vokale durch Halten des Lautes verlängert werden können, erfordert die Verdoppelung eines Konsonanten einen sogenannten glottalen Stopp. Dies wird durch ein kleines っ vor dem zu verdoppelnden Konsonanten

angezeigt, wie in den folgenden Beispielen: もっと *(motto)* | ほっかいどう *(Hokkaidō)* | あっさり *(assari)*. Nur Hiragana, die mit den Konsonanten *k*, *s*, *t*, *g*, *z*, *d*, *b* und *p* beginnen, können so verdoppelt werden.

Selbst wenn Sie jetzt sicher sind, daß Sie die ひらがな beherrschen, sollten Sie doch dafür sorgen, daß dies auch so bleibt und daß sie Ihnen schließlich zu alltäglicher Gewohnheit werden – in Fleisch und Blut übergegangen wie das ABC.

Zunächst sollten Sie in sich alle geheimen Zweifel darüber auslöschen, daß Sie das schaffen können. Falls Sie dieses Buch getreu den Anweisungen durchgearbeitet haben, sind Sie bereits auf gutem Wege, die Zeichen genauso fließend zu beherrschen, wie die Japaner.

Ferner sollten Sie sooft es eben geht ひらがな schreiben. Zweierlei wird geschehen: Erstens werden Sie schneller und müssen nicht mehr lange über die Schreibweise der Zeichen nachdenken. Zweitens wird Ihre Schrift einen ganz individuellen Charakter entwickeln, was allerdings auch die Gefahr schlechter Angewohnheiten birgt. Sollten sich diese ankündigen, ist es am besten, etwas Anleitung von jemandem mit kultivierter Handschrift zu suchen, der Ihnen deutlich machen kann, wo es Ihrer Schrift noch an Grazie und Eleganz mangelt.

Mein letzter Rat – oder eher strenge Ermahnung – ist daher: *Schreiben Sie nie wieder auch nur ein einziges japanisches Wort in lateinischer Umschrift, es sei denn, Sie tun es für jemanden, der die ひらがな nicht lesen kann*. Da Sie dieser Gruppe nicht mehr angehören, sollten Sie auch nicht mehr Anlaß zur Verwendung der Umschrift haben als ein Japaner. Es mag Ihnen hier und da etwas Zeit ersparen, wenn Sie sich kurz in lateinischer Umschrift Notizen machen, aber der unvermeidliche kumulative Effekt dieser scheinbar unerheblichen „Ausnahmen“ ist der Verzicht auf die Fähigkeit, zu schreiben wie ein Muttersprachler – obwohl diese für Sie bereits in greifbare Nähe gerückt ist. Nehmen Sie sich diese Warnung zu Herzen und ich garantiere Ihnen, Sie werden es nicht bedauern – nicht für eine Minute!

ENDE DER HIRAGANA

KANA-TABELLE

あ	か	さ	た	な	は	ま	や	ら	わ	ん	が	ざ	だ	ば	ぱ
ア	カ	サ	タ	ナ	ハ	マ	ヤ	ラ	ワ	ン	ガ	ザ	ダ	バ	パ
い	き	し	ち	に	ひ	み		り			ぎ	じ	ぢ	び	ぴ
イ	キ	シ	チ	ニ	ヒ	ミ		リ			ギ	ジ	ヂ	ビ	ピ
う	く	す	つ	ぬ	ふ	む	ゆ	る			ぐ	ず	づ	ぶ	ぷ
ウ	ク	ス	ツ	ヌ	フ	ム	ユ	ル			グ	ズ	ヅ	ブ	プ
え	け	せ	て	ね	へ	め		れ			げ	ぜ	で	べ	ぺ
エ	ケ	セ	テ	ネ	ヘ	メ		レ			ゲ	ゼ	デ	ベ	ペ
お	こ	そ	と	の	ほ	も	よ	ろ	を		ご	ぞ	ど	ぼ	ぽ
オ	コ	ソ	ト	ノ	ホ	モ	ヨ	ロ	ヲ		ゴ	ゾ	ド	ボ	ポ

James W. Heisig
Klaus Gresbrand

Die Kana lernen und behalten

Die japanischen Silbenschriften
lesen und schreiben
lernen in je drei Stunden

Teil 2 Die Katakana

KlostermannRoteReihe

Die japanischen Silbenschriften Hiragana und Katakana sind der erste Schritt für jeden, der Japanisch in Wort und Schrift beherrschen will. Doch das ist oft von Frustration begleitet: Bislang mußten die Kana durch wochenlanges Wiederholen der Schreibweise auswendig gelernt werden.

Mit diesem Buch werden Sie die Hiragana und Katakana in je drei Stunden lesen und schreiben lernen – ohne zeitraubendes Wiederholen und stures Pauken. Kleine Geschichten stellen Ihnen die Kana vor und verknüpfen sie mit Ihren eigenen Erinnerungen und Assoziationen. Gestalten Sie Ihren ersten Schritt in die japanische Schrift so lustvoll und effektiv wie möglich – mit der seit Jahrzehnten bewährten Methode von James W. Heisig.

James W. Heisig, Professor für Religionsphilosophie, promovierte in Cambridge und unterrichtete an Universitäten in den U.S.A., Lateinamerika und Spanien. Seit 1978 ist er ständiges Mitglied des Nanzan-Instituts für Religion und Kultur in Nagoya, Japan, dem er von 1991 bis 2001 als Direktor vorstand.

Klaus Gresbrand, Diplom-Jurist, studierte Rechtswissenschaften und Betriebswirtschaftslehre an der Universität Osnabrück, der Chūō-Universität, Tokio, und der Universität Tokio.

Inhalt

Einführung zu den Katakana

Die im folgenden dargestellte Methode zum Erlernen der Katakana setzt Kenntnis der Hiragana voraus, deren Formen sich oft mit ihren Katakana-Äquivalenten überlappen und deren Silben gleich ausgesprochen werden. Wenn Sie den Kursus zu den Hiragana in Teil Eins dieses Buches abgeschlossen haben oder bereits auf anderem Wege die Hiragana gemeistert haben, bevor Sie auf dieses Buch stießen, sind Sie bereit, sich mit den Katakana zu befassen. Gleichwohl sollten Sie wenigstens die Allgemeine Einführung zu diesem Buch gelesen haben. Kennen Sie die Hiragana noch nicht, stellen Sie jetzt das Buch (oder sich selbst) auf den Kopf und fangen Sie ganz von vorne an. Es wird Ihnen einen Haufen Ärger ersparen.

Es gibt zahlreiche Methoden, um Studenten in den komplizierten Apparat der japanischen Schriftzeichen einzuführen. Unglücklicherweise bietet die große Mehrheit nur ein einziges Rezept an: Wiederholen! Wiederholen!! Wiederholen!!! Da fast alle japanischen Muttersprachler als Kinder diesen mühsamen (und für Erwachsene ineffizienten) Lernprozeß durchlaufen haben, ist nachvollziehbar, daß sie dies auch von ihren Schülern erwarten.

Wenn Sie die Kana und Kanji auf diese Weise lernen, werden Sie sie wohl mit der Zeit beherrschen – vorausgesetzt, daß Sie sehr stark motiviert sind und zudem willens und in der Lage, täglich Japanisch zu lesen und zu schreiben. Aber selbst wenn Sie einer von denen sind, die planen, von Stund an jeden Tag Japanisch zu sprechen und daher auf den Nutzen ständiger Wiederholung bauen können: Wäre es nicht trotzdem verlockend, sich einer Methode zu bedienen, die anregender ist als bloße Wiederholung?

Die meisten Studenten können die Hiragana früher oder später fließend schreiben und lesen. Die Katakana sind da eine andere Sache. Bei Ankunft in Japan entwickeln viele Neuankömmlinge großen Eifer im Entziffern der unzähligen Katakana-Leuchtreklamen, die an jedem Ort,

von der Pachinkohalle bis zum Café, anzutreffen sind. Sobald aber die formale Sprachausbildung beginnt, werden die Katakana eher in den Hintergrund gedrängt. Nie würde etwa vom Lernenden verlangt, Sätze zu lesen oder schreiben, die nur aus Katakana bestehen. Und für Worte, die Japaner mit Katakana umschreiben würden, benutzt man oft gleich das lateinische Alphabet. Daher kommt man leicht zu dem Schluß, daß die Katakana kaum mehr als ein „Anhängsel“ der Sprache sind und daß es ausreicht, sie rein passiv beherrschen zu können.

Das ist natürlich völlig falsch – und Sie sind sich dessen bewußt, andernfalls Sie sich kaum bemüht hätten, bis hierhin zu lesen. Wenn Sie nun durchhalten, werden Sie lernen, die Macht Ihres „erfinderischen Gedächtnisses“ zu nutzen und

- die Katakana besser als mit jeder auf Wiederholung basierenden Methode lernen,
- sie auch deutlich fließender schreiben können und
- den Lernprozeß viel mehr genießen.

Die Katakana sind in der „Wörterbuch-Reihenfolge“ aufgeführt (*a-i-u-e-o*, *ka-ki-ku-ke-ko*, usw.). Das ist nicht die Reihenfolge, in der Sie sie lernen werden! Anweisungen am Ende jeder Seite werden Sie auffordern, sich kreuz und quer durch das Buch zu blättern, damit Sie von der optimalen Lernreihenfolge profitieren können. Die sechs Lektionen werden Sie Schritt für Schritt anleiten. Sie beginnen mit Katakana, die den Hiragana ähnlich sehen, und enden mit denen, die keine äußere Ähnlichkeit mit ihnen aufweisen.

Es werden Assoziationen mit bestimmten deutschen Worten und der näherungsweisen Aussprache der entsprechenden Katakana gebildet. Da wir davon ausgehen, daß Sie die Hiragana bereits beherrschen, wird auf die korrekte Aussprache der Zeichen nicht weiter eingegangen.

Und schon geht es los. Folgen Sie den Anweisungen im unteren Kasten, um mit Lektion 1 zu beginnen.

→ WEITER AUF SEITE 53

Teil Zwei

KATAKANA

ア | 阿 | あ | A

Sie sollten sich jetzt mitten in Lektion *5 befinden. Anderenfalls gehen Sie sofort zu Seite 53 und starten mit* Lektion *1.*

Der einzige Unterschied zwischen *ma* und *a* in den Katakana ist der letzte Strich, welcher wie ein langer **Arm** gestreckt ist. Tatsächlich kann das ganze Zeichen wie die piktographische Darstellung eines am Ellenbogen gebeugten **Arms** gesehen werden, von dem ein langer Ärmel baumelt – vermutlich der Kimono einer jungen Dame.

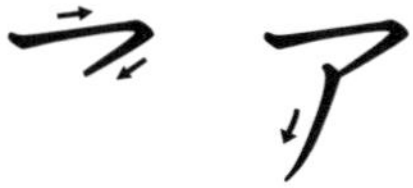

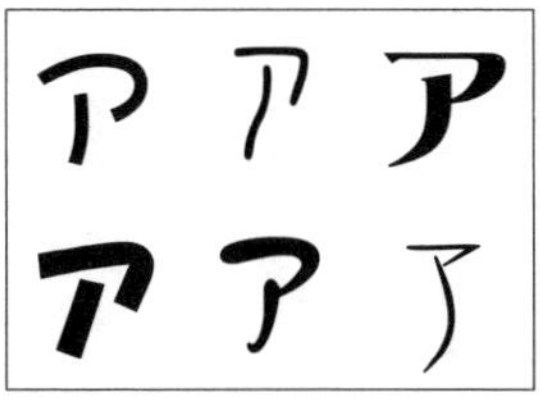

アメリカ	Amerika *Amerika*
ファン	fan *Fan*

← 33 → WEITER AUF SEITE 63

1

I

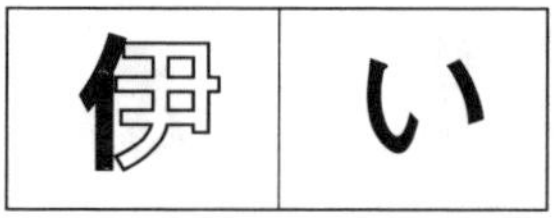

Der Buchstabe **i**, das lateinische Äquivalent zum Laut dieses Katakana, wird uns auch die Schreibweise dieses Zeichens lehren. Sie müssen sich nur merken, daß der „Punkt“ an der Spitze zu einem kurzen Strich verlängert wird, da die Katakana selbst keine Punkte kennen. Der Rest ist identisch.

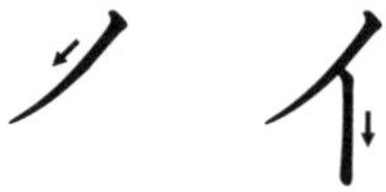

Supein スペイン
Spain (Spanien)

aisukurīmu アイスクリーム
ice cream (Speiseeis)

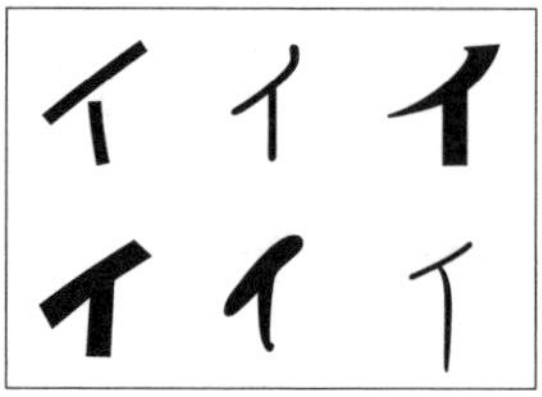

← 37 → WEITER AUF SEITE 43

ウ

宇	う

U

Der einzige Unterschied zwischen dem Katakana *u* und dem *chawan* ist der ganz oben plazierte, nach unten gerichtete kurze Strich. Wenn Sie sich nun ein kleines, höchst unappetitliches **Ungeziefer** vorstellen können, das mit lautem „Platsch!“ von der Decke in die Teeschale fällt, so wird dieses Katakana für Sie schnell „lebendig“ werden. Ohne Mühe können Sie dann die Einzelteile zusammenfügen: Das von oben herabfallende **Ungeziefer** als kleiner Strich und der *chawan*.

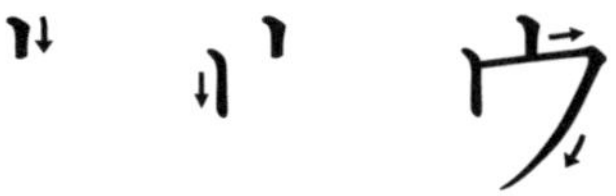

ハウス	hausu	*Haus*
パウダー	paudā	*powder (Puder)*

← 44 → WEITER AUF SEITE 62

3

E | 江 | え | エ

Lassen Sie den Laut *e* für **Eisenträger** stehen und schauen Sie sich das Zeichen genau an. Erkennen Sie darin den Querschnitt eines **Eisenträgers**, wie er im Bauwesen Verwendung findet?

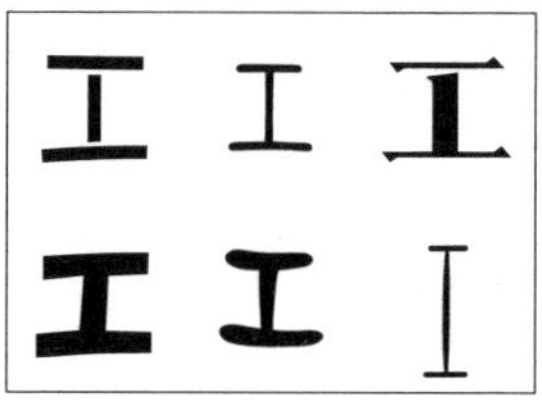

erebētā エレベーター
elevator (Fahrstuhl)

eakon エアコン
air con[ditioner] (Klimaanlage)

← 11 → WEITER AUF SEITE 24

オ | 於 | お | o

Das Einzige, was den Laut *ho* von *o* unterscheidet, ist der fehlende Hauchlaut (das „h“). Das Katakana spiegelt das wider, indem es den letzten Strich entfallen läßt. Daher sollten オ und ホ als Pärchen gelernt werden.

オランダ	Oranda *Holland*
オーバー	ōbā *over[coat] (Mantel)*

← 30 → WEITER AUF SEITE 41

KA

加	か

カ

Der einzige wirkliche Unterschied zwischen dem Hiragana- und dem Katakanazeichen für *ka* besteht darin, daß das Katakana die Schreibweise „vereinfacht“, indem der kleine Strich rechts weggelassen wird. Wenn man darüber nachdenkt, ist das wirklich die einfachste Art, das Hiragana zu vereinfachen.

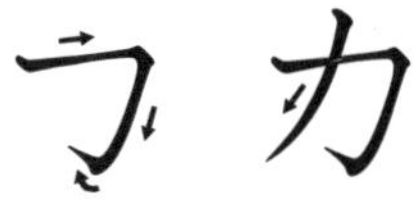

Kari *Cali*	カリ
kā *car (Auto)*	カー

← 29 → WEITER AUF SEITE 7

キ　幾 き　KI

Die vereinfachte Katakanaversion des Hiragana *ki* kommt ebenfalls ohne den letzten Strich aus – genauso, wie bei dem Zeichen für *ka*, das wir gerade eben gelernt haben.

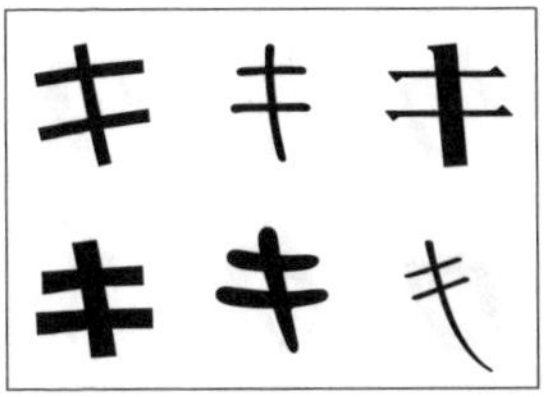

キー　kī
key (Schlüssel)

カーキー　kākī
car keys (Autoschlüssel)

← 6　→ WEITER AUF SEITE 15

KU

久	く

ク

Lassen Sie sich etwas Zeit, um den Laut *ku* vor Ihrem „geistigen Ohr“ mit einer schönen **Kugel Vanilleeis** zu verbinden. Vor Ihrem geistigen Auge können Sie dann das Katakana mit dem Bild einer mißglückten **Kugel Vanilleeis** verbinden, welche Sie in ihre *Schüssel* voll Reis schaufeln. Leider ist – wie immer, wenn man es selbst versucht – nur ein leicht gerundeter, unförmiger Flatschen in der *Schüssel* gelandet, der dem ersten Strich dieses Katakana verdächtig ähnlich sieht.

kukkī クッキー
cookie (Keks)

baggu バッグ
bag (Tasche)

← 45 → WEITER AUF SEITE 16

ケ | 介 | け | KE

Der einzige Unterschied zwischen dem Katakana *ke* und dem eben gelernten Katakana *te* liegt darin, daß hier der erste Strich von oben abgenommen und schräg an der Seite plaziert wird. Stellen Sie sich vor, daß das „Dach“ des Briefkastens aufgerissen wurde, damit er ein riesiges „Care-Paket“ voller **Kekse** aufnehmen kann, das Ihnen Ihre Tante geschickt hat. Hoffentlich kennt sie Ihre Lieblingssorte.

ケーキ — kēki
cake (Kuchen)

ケチャップ — kechappu
Ketchup

← 19 → WEITER AUF SEITE 31

9

KO

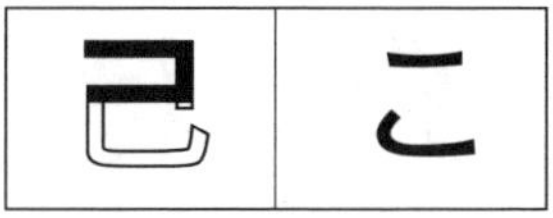

Um dieses Katakana zu lernen, schreiben Sie zunächst das entsprechende Hiragana und achten Sie darauf, wie der erste Strich in den zweiten hinüberfließt, wie wir es schon vom Zeichen り kennen. Wandeln Sie nun das Zeichen in „Blockschrift“ um: Aus dem kleinen Häkchen am ersten Strich, das beim fließenden Schreiben des Hiragana entsteht, wird ein rechter Winkel. Wenn man so will, sieht das Zeichen damit besonders „korrekt“ aus.

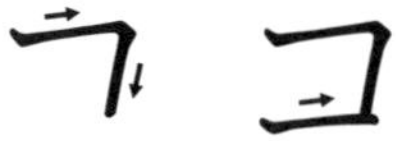

kōchi コーチ
coach (Trainer)

Rikō リコー
Ricoh [jap. Firmenname]

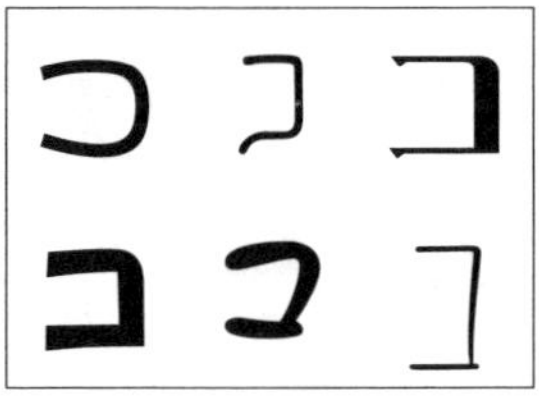

← 59 → WEITER AUF SEITE 18

サ　散　さ　SA

Erinnern Sie sich für das Katakana *sa* an die Geschichte von König **Salomon** und den zwei streitenden Müttern. Der erste Strich ist des Königs Arm, der das kleine Kind (den zweiten Strich) hält und droht, es in zwei Teile zu schneiden. Der dritte Strich ist König **Salomon** höchstselbst. Es sollte nicht viel Aufwand erfordern, bis Sie in dem Zeichen für *sa* eine skizzenhafte Darstellung dieser Geschichte erkennen können.

サラリーマン　sararīman
salaried man (Angestellter)

サッカー　sakkā
soccer (Fußball)

← 27　→ WEITER AUF SEITE 4

SHI

之	し

シ

Hier ist ein weiteres Beispiel dafür, wie die geschwungene Form des Hiragana durch Einsatz der „zerbrochenen“ oder „gepunkteten“ Linie in ein Katakana umgewandelt wird. Dies geschieht beinahe genauso wie bei ツ, nur die Position und Richtung der Striche ist anders. Lernen Sie es nach der gleichen Methode wie das Katakana für *tsu*.

Shikago シカゴ
Chicago

pēji ページ
page (Seite)

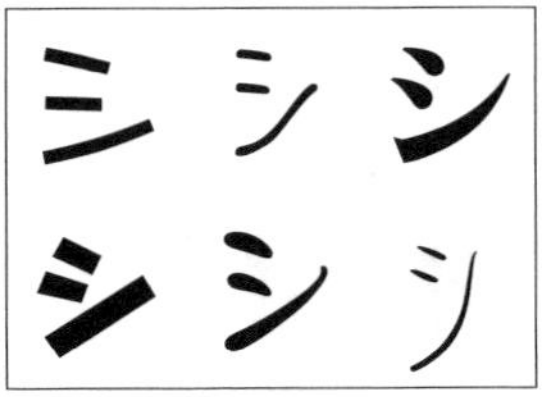

← 18 → WEITER AUF SEITE 46

ス　須　す　SU

Mit der *Futterschüssel* des soeben gelernten Zeichens im Hinterkopf lassen wir uns vom Laut *su* zu dem Bild einer *Schüssel* voll **Suppe** inspirieren. Der kleine nach rechts unten geführte Strich soll ein Griff sein, an dem wir die *Schüssel* halten können. Etwas minimalistisch vielleicht, aber ganz eindeutig ein Griff.

スープ　**sūpu**
soup (Suppe)

ソース　**sōsu**
sauce (Soße)

← 28　→ WEITER AUF SEITE 23

SE

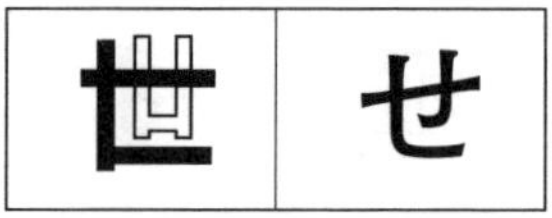

セ

Der zweite Strich des *se* ausgesprochenen Hiragana wurde hier für die vereinfachte Katakanaform ausgelassen. Beachten Sie jedoch die Unterschiede in der Schreibweise, insbesondere daß der „Haken“ hier nach UNTEN geht und nicht nach OBEN, wie im Hiragana.

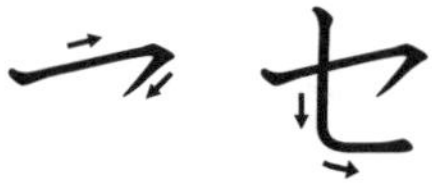

Serica セリカ
Celica

← 15 → WEITER AUF SEITE 36

14

ソ | 曽 | そ | so

Wie bei キ und カ läßt auch das Katakana für *so* einfach den letzten Strich des entsprechenden Hiraganazeichens aus.

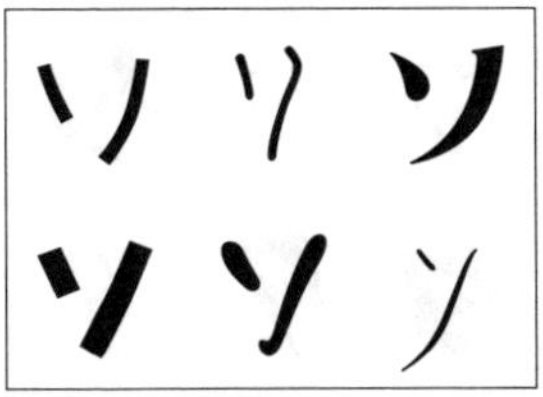

ソーリー sōrī
Sorry! (Entschuldigung!)

← 7 → WEITER AUF SEITE 14

TA

多	た

タ

Das Fiasko der mißglückten *Kugel Eis* ist in diesem Zeichen noch gut erkennbar. Die Schüssel hat hier ein kleines **Taschentuch** an der Seite haften – vielleicht ein dezent parfümiertes, wie man es im Flugzeug bekommt. Wozu das alles? Natürlich um sich das Vanilleeis vom Gesicht zu wischen.

batā バター
butter (Butter)

Kanada カナダ
Kanada

← 8 → WEITER AUF SEITE 44

チ 千 ち CHI

Das Kanji für Tausend (es kommt etwa im Namen der **Chiba**-Präfektur vor, der „Tausend Blätter“ bedeutet – und auch im Namen des großen Sumōkämpfers Chiyonofūji) ist so gut wie identisch mit dem gleich ausgesprochenen Katakana.

ナチ nachi
Nazi

チリ Chiri
Chile

← 22 → WEITER AUF SEITE 47

TSU

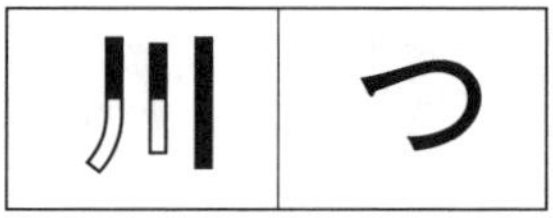

Das Hiragana für *tsu* ist ein einziger geschwungener Strich. Wenn Sie diesen zerbrechen, entsteht eine „zerbrochene Linie“ in Form der ersten zwei Striche des Katakana. Sie wird im letzten Strich fortgesetzt, der relativ gerade gezogen werden kann. Schreiben Sie das Zeichen ein halbes Dutzend mal und denken Sie dabei an den geschwungenen Strich des Hiragana, damit Ihnen dieser Transformationsprozeß klar wird.

tsuna ツナ
tuna (Thunfisch)

natsu ナツ
nuts (Nüsse)

← 10 → WEITER AUF SEITE 12

テ 天 て TE

Das Katakana für *te* hat sich in ganz Japan als Symbol für Poststellen und vor inländischen Postleitzahlen etabliert (〒). Wenn Sie sich zwei kurze vertikale Verbindungslinien zwischen den Horizontalen vorstellen, haben Sie ein perfektes Piktogramm für den typischen amerikanische Briefkasten, den Sie sicher aus Kinofilmen kennen. Achten Sie aber darauf, daß der letzte Strich des Katakana nach links geschwungen ist, während er beim japanischen Postsymbol ganz gerade nach unten geht. Der Grund dafür ist, daß sich unser Katakana-Briefkasten zur Seite reckt, um die Post zu bekommen.

テレホン terehon
Telefon

シティーバス shitī basu
city bus (Stadtbus)

← 42 → WEITER AUF SEITE 9

TO

止	と

ト

Wenn Sie der Laut *to* erst einmal zu dem Schlüsselwort **Toilette** geführt hat, sind weitere Erklärungen fast überflüssig. Denken Sie einfach an einen Bekannten oder Verwandten, der steht, wenn brave Männer sitzen.

ト	ト	ト
ト	ト	ト

Toronto　　トロント
Toronto

yōguruto　　ヨーグルト
Joghurt

← 38　　→ WEITER AUF SEITE 27

ナ 奈 な NA

Das Katakana *na* unterscheidet sich von dem entsprechenden Hiragana dadurch, daß hier die zwei letzten Striche ausgelassen wurden. Die verbliebenen Striche werden zum Ausgleich etwas nach unten und in die Mitte verschoben. Betrachten Sie auch hier beide Zeichen nebeneinander, um sich die Verwandlung vom einen Zeichen zum anderen zu verdeutlichen.

カリーナ — Karīna (*Carina*)

リナ — Rina (*Lina*)

← 36 → WEITER AUF SEITE 55

NI

二	に

ニ

Glücklicherweise wird das *ni* gelesene Katakana genauso geschrieben wie das Kanji für die Ziffer 2, welches ebenfalls **ni** ausgesprochen wird. Auch hier ist der einzige Unterschied, daß im Katakana alles ausgelöscht wurde, was an einen Pinselstrich erinnert, um seinen Charakter als Blockschrift zu verdeutlichen.

Nīna ニーナ
Nina

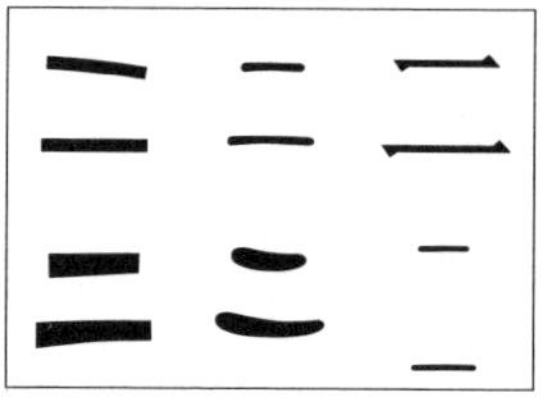

← 57 → WEITER AUF SEITE 17

ヌ 奴 ぬ NU

Diese *Schüssel* hier ist mit **Nudeln** gefüllt, wie der Laut *nu* schon andeutet. Der letzte Strich ist denn auch eine einzelne **Nudel**, die über den Rand gerutscht ist und nun an der Seite der *Schüssel* baumelt – was **Nudeln** ja gerne tun.

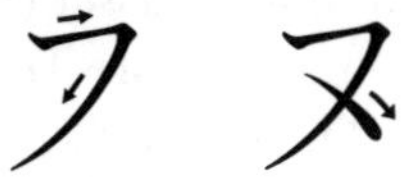

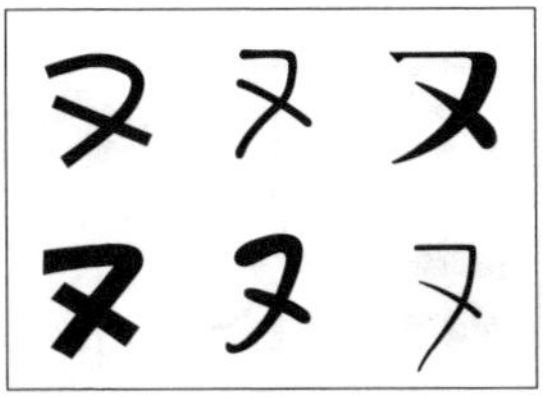

セーヌ Sēnu
Seine [frz. Fluß]

カヌー kanū
Kanu

← 13 → WEITER AUF SEITE 39

NE

祢 ね

ネ

Dies mag als das am schwierigsten zu lernende Katakana erscheinen, aber mit einem einfachen Trick wird es zu einem der einfachsten. Denken Sie bei dem Laut *ne* an Kapitän **Nemo**, der kurz vor einem Seeunglück steht. Zunächst wird der Kapitän gezeichnet (Strich 1), der auf dem Bug seines Bootes steht (Strich 2). Dann kommt ein tückisches Riff unter Wasser (Strich 3), auf das Kapitän **Nemo** mit seinem Schiff kracht: Erste Trümmer fallen bereits ins Meer (Strich 4). Schreiben Sie das Katakana Strich für Strich, während Sie das Bild vor Ihrem Auge wiederholen.

mayonēzu マヨネーズ
Mayonnaise

intānetto インターネット
Internet

← 4 → WEITER AUF SEITE 65

ノ | 乃 | の | **NO**

Das Katakana *no* leitet sich aus dem ersten Strich seines Hiragana ab. Sie können es sich auch als den Schrägstrich aus den Symbolen für „**No** Parking" oder „**No** Smoking" vorstellen.

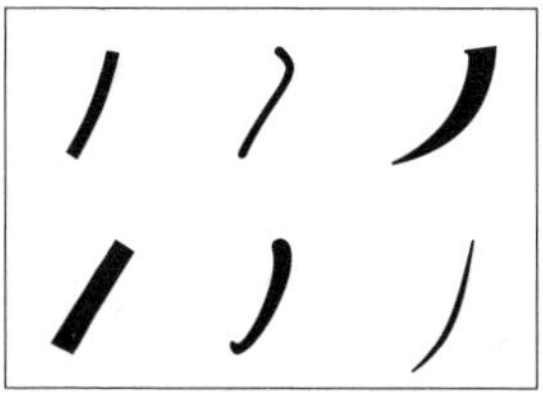

ノー — nō
no (nein)

キャノン — Kyanon
Canon

← 35 → WEITER AUF SEITE 34

HA

八	は

ハ

Der Laut *ha* ist die erste Silbe von **hachi**, dem japanischen Wort für die Ziffer 8. Das Katakana wird genauso geschrieben wie das Kanji für 8, allerdings wie immer in der etwas eckigeren Blockschriftform.

Habana ハバナ
Havanna

bā バー
Bar

banana バナナ
Banane

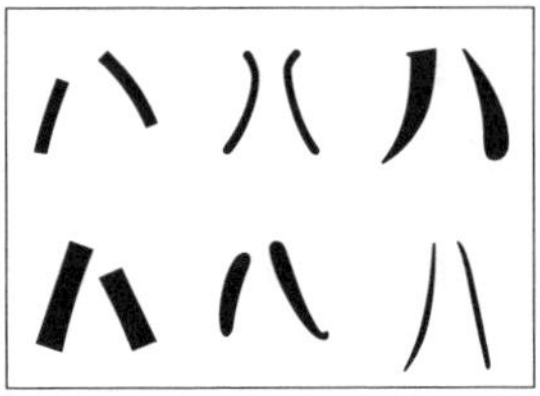

← 47 → WEITER AUF SEITE 48

ヒ | 比 | ひ | HI

Was befindet sich am Schuh immer ganz **hinten** – sozusagen als **Hinterteil**? Ganz recht: Der Absatz. Und dieser ist ohne weiteres im Katakana für *hi* erkennbar. Falls Sie ihn nicht sofort sehen, ziehen Sie zunächst eine kleine vertikale Verbindung zwischen den beiden Waagerechten. Das entstehende Rechteck ist der Absatz. Die überstehende Vertikale ist dann der Schaft des Schuhs, den Sie in Ihrer Vorstellung nur noch nach rechts vervollständigen müssen.

Schauen Sie jetzt noch einmal nur auf das Katakanazeichen und prüfen Sie, ob Sie den Absatz **hinten** am Schuh erkennen. Wenn Sie sich sicher sind, schreiben Sie einmal das Katakana mit dem Bild im Hinterkopf.

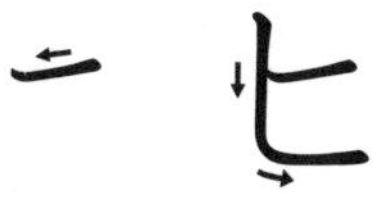

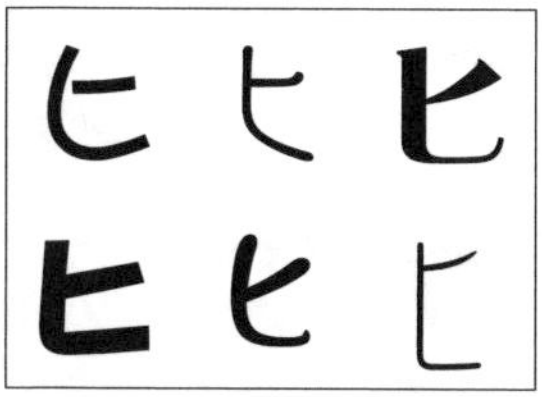

ビール — bīru — *Bier*

コーヒー — kōhī — *coffee (Kaffee)*

← 20 → WEITER AUF SEITE 11

FU

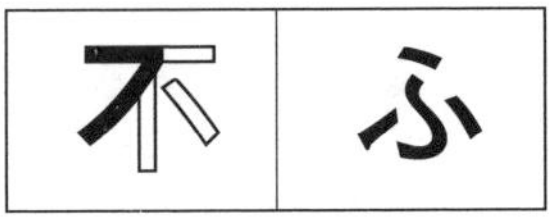

フ

Denken Sie bei dem Laut *fu* an **Futter** – vielleicht das Ihres Haustieres? Die Form des Zeichens für *fu* wird direkt aus Ihrem mentalen Bild einer Schüssel voll **Futter** erwachsen. Spiegeln Sie einfach das Zeichen an der linken Seite.

Sobald Sie dieses Bild im Kopf haben, wird sich das Bild der **Futter**schüssel von selbst vervollständigen. Wenn Sie jetzt die **Futter**schüssel erkennen, sobald Sie das Zeichen sehen, können Sie das Katakana für *fu*.

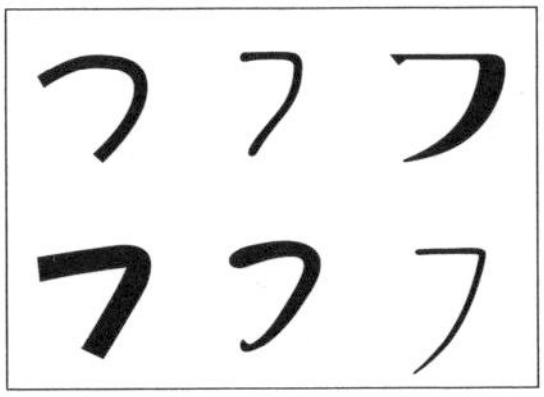

chīfu チーフ
chief (Chef)

purin プリン
Pudding

← 61 → WEITER AUF SEITE 13

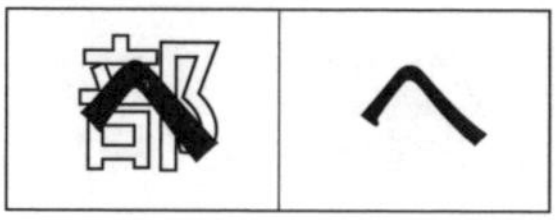

HE

Das Katakanazeichen *he* ist identisch mit seinem Hiragana-Gegenstück – und gleichzeitig das einzige Katakana, das solches von sich behaupten darf. Tatsächlich sind das Hiragana und Katakana für *he* in den meisten Schriftarten überhaupt nicht unterscheidbar. Glücklicherweise ist die Wahrscheinlichkeit, daß dieses Zeichen Ihnen ganz allein begegnet, sehr gering. Sie können also stets aus dem Kontext darauf schließen, welcher Silbenschrift es angehört.

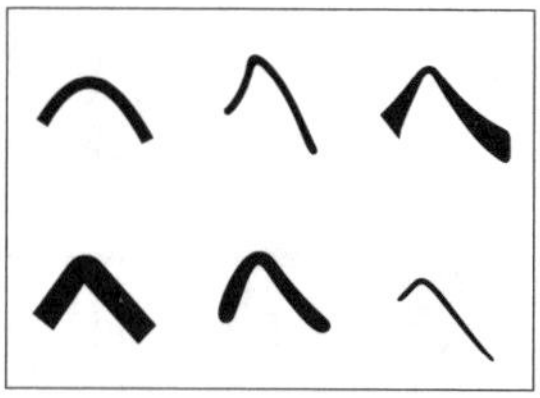

ヘリ heri
Heli[kopter]

← 49 → WEITER AUF SEITE 6

HO

保	ほ

ホ

Denken Sie bei dem Laut *ho* an eine große **Hornisse**, die Sie leicht in dem Zeichen wiedererkennen werden. Der erste Strich sind die ausgebreiteten Flügel, der zweite der Körper und die letzten beiden Striche sind die langen Hinterbeine, mit denen sich unsere **Hornisse** im Flug stabilisiert. Achten Sie darauf, daß diese Striche – anders als echte **Hornissen**beine – nicht mit dem „Körper" verbunden sind.

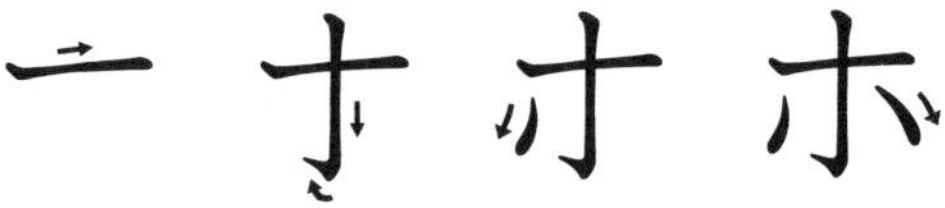

botan　ボタン
button (Knopf)

bosu　ボス
Boss

ホ ホ ホ
ホ ホ ホ

← 63　→ WEITER AUF SEITE 5

マ | 万 | ま | MA

Die Katakana für *ma* und *mu* werden oft verwechselt. Aber es gibt einen einfachen Weg, sich die Unterschiede zu merken. Denken Sie an das Hiragana ま und wie es geschrieben wird. Es beginnt links und schwingt nach rechts, zweimal vor und zurück. Schreiben Sie es einmal und unmittelbar danach das Katakana, noch bevor das „Gefühl“ für das Zeichen die Spitze Ihres Bleistiftes verlassen hat.

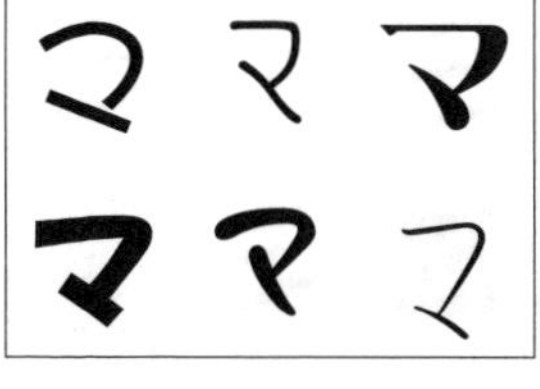

クリスマス Kurisumasu
Christmas (Weihnachten)

スーパーマン Sūpāman
Superman

← 9 → WEITER AUF SEITE 33

MI

三	み

ミ

Genauso wie die Form des Katakana *ha* sich aus dem Kanji für die Ziffer 8 ableitet, stammt auch dieses Zeichen, das Katakana *mi*, von dem Kanji für die Ziffer 3, welches **mi** oder *mittsu* ausgesprochen werden kann. Zufällig taucht das gleiche Wort in einem bekannten Markennamen auf, dessen Logo drei karoförmige Blumen zeigt: Mitsubishi ▲.

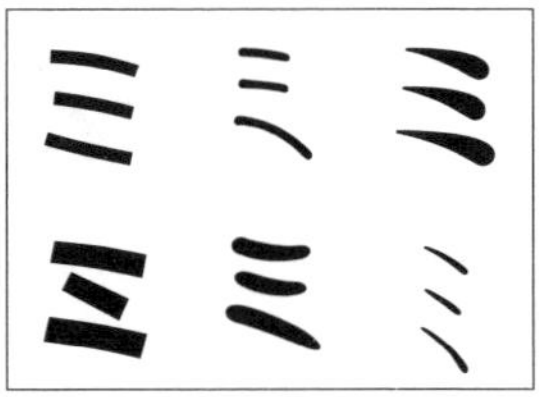

miri　ミリ
Milli[meter]

zemi　ゼミ
Semi[nar]

← 48　→ WEITER AUF SEITE 57

ム 牟 む MU

Genau wie wir schon mit dem Katakana für *ma* verfahren haben, müssen Sie auch hier nichts weiter tun, als das Hiragana む und unmittelbar darauf das Katakana zu schreiben. Fühlen Sie dem identischen Fluß der beiden Zeichen nach. Wenn Sie む kennen, werden Sie mit ム keine Schwierigkeiten haben.

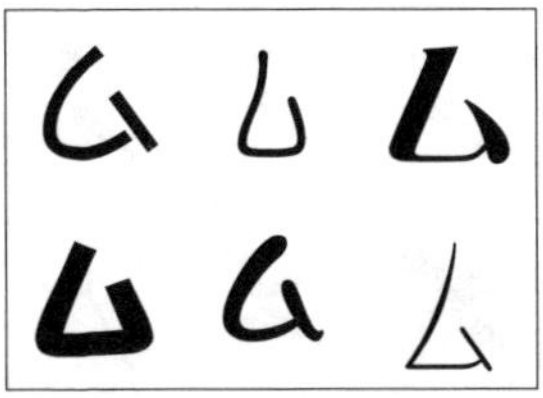

ハム — **hamu**
ham (Schinken)

ゲーム — **gēmu**
game (Spiel)

← 31 → WEITER AUF SEITE 1

ME

女	め

メ

Auf den ersten Blick ähneln sich das Katakana und das Hiragana für den Laut *me* bestenfalls dann, wenn man auch das ihnen zugrunde liegende Zeichen (das Kanji für Frau) in die Betrachtung mit einbezieht. Aber versuchen Sie einmal, nur den zweiten Strich des Hiragana zu zeichnen, dann werden Sie feststellen, daß dieser Ihre Hand genau durch Strichfolge und –anordnung des Katakana führt.

memo メモ
Memo

Mekka メッカ
Mekka

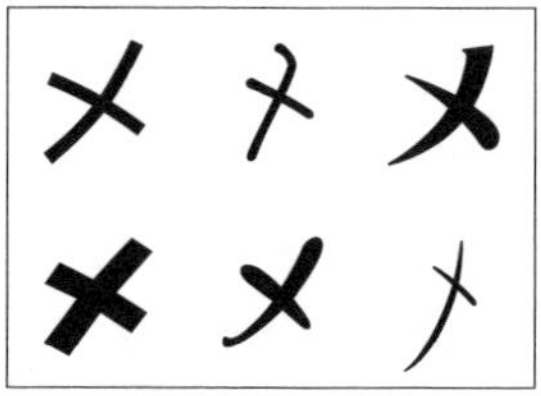

← 25 → WEITER AUF SEITE 59

モ MO

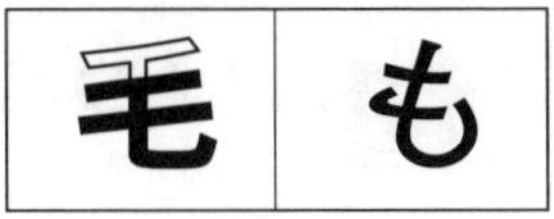

Das Katakana *mo* ist eines der am einfachsten zu lernenden Katakana, obwohl seine Schreibweise sich durchaus von dem zugehörigen Hiragana unterscheidet.

Erlebt der Japanischlernende mit der Zeit womöglich eine unbewußte Anpassung seiner Gedankengänge an die Ideen, die der Umwandlung zugrunde lagen? Wie dem auch sei, führen Sie sich kurz die Strichfolge vom Hiragana und Katakana vor Augen, indem Sie beide mehrmals nebeneinander schreiben.

Falls Sie einer von denen sind, die mit *mo* Schwierigkeiten haben und deshalb immer wieder zu dieser Seite zurückblättern: Vielleicht hilft Ihnen der Umstand, daß das Zeichen sich aus zwei Formen zusammensetzt, die Sie bereits gut kennen: Dem Hiragana し und dem Katakana ニ. Vielleicht können Sie mit dieser Kombination ein Bild für sich erschaffen, mit dem Sie arbeiten können.

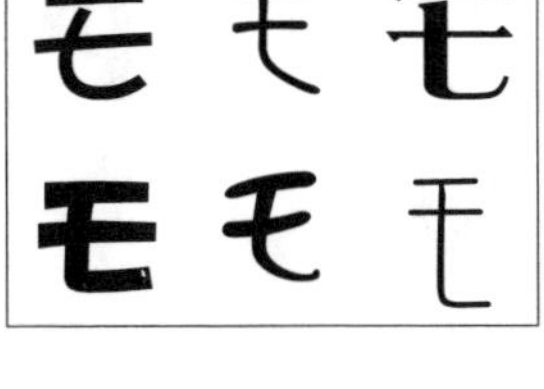

モナコ Monako
Monaco

リモコン rimokon
remo[te] con[trol] (Fernbedienung)

← 46 → WEITER AUF SEITE 25

YA

Genauso, wie wir es eben beim Katakana セ beobachten konnten, wird auch hier der zweite Strich des Hiragana や ausgelassen, um zum vereinfachten Katakanazeichen zu kommen. Wenn Sie sich die beiden Zeichen nebeneinander anschauen, wird Ihnen das Prinzip dieser Vereinfachung sofort klar werden.

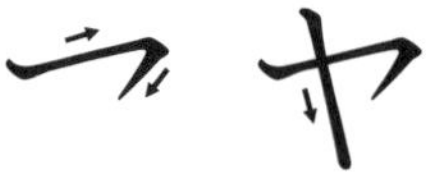

riyakā リヤカー
rear car (Handwagen)

← 14 → WEITER AUF SEITE 21

ユ 由 ゆ YU

Versetzen Sie sich für das Katakana *yu* in die goldenen Zwanziger, als die **Jungunternehmer**, auf neudeutsch Yuppies, noch elegant mit Anzug und Zylinder durch die Straßen flanierten. Sofort werden Sie erkennen, daß im Zeichen für *yu* nur ein kleiner Strich fehlt, um den Zylinder unseres 20'er-Jahre-**Jungunternehmers** zu komplettieren.

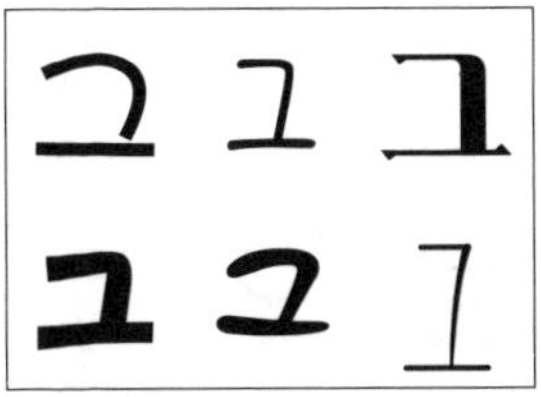

ユーモア yūmoa
humor (Humor)

ニュース nyūsu
news (Nachrichten)

← 65 → WEITER AUF SEITE 2

YO

與	よ

ヨ

Dieses Katakana kann man sich am besten als grobe Skizze eines **Jochs** für Ochsen merken, zwei, um genau zu sein. Wenn Sie kleine Kreise in die Freiräume zwischen den Zinken malen, können sie die Ochsenköpfe besser erkennen. Radieren Sie sie anschließend aus, dann wird das Zeichen für Sie lebendig werden.

Yōroppa　　ヨーロッパ
Europa

Nyūyōku　　ニューヨーク
New York

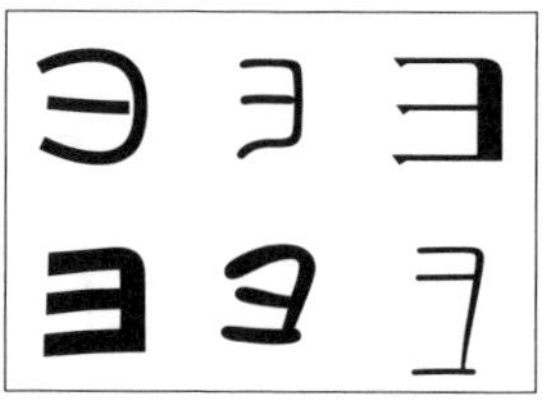

← 43　　→ WEITER AUF SEITE 20

ラ 良 ら RA

Hier ist die *Schüssel* mit **rāmen** Nudeln gefüllt. Sie türmen sich bis hoch über den Rand, wie der erste Strich andeutet. Wenn Sie gerne **rāmen** essen, wird Ihnen die Assoziation leicht fallen (in Deutschland begegnen Ihnen diese Nudeln oft in Form „asiatischer“ Fertiggerichte).

Sind Sie kein Freund von **rāmen**, so müssen Sie sich unter Umständen erst dazu zwingen, die ganze Riesenportion aufzuessen, bevor das Zeichen sich in ein Bild für den Laut *ra* verwandelt – der übrigens nicht langgezogen wird wie im Wort **rāmen**.

ラブ	rabu *love (Liebe)*
コカコーラ	Kokakōra *Coca-Cola*

← 23 → WEITER AUF SEITE 45

RI

利	り

リ

Das *ri* gelesene Zeichen wird fast genauso geschrieben wie das Hiragana り, mit dem einzigen Unterschied, daß es keine überleitende Linie zwischen den zwei abwärts gerichteten Strichen gibt, auch nicht in stilisierten Varianten. Wahrscheinlich empfinden Sie die Schreibweise des Hiragana mit seinem aufwärtsgerichteten Haken am Ende des ersten Striches als „natürlicher“, aber denken Sie daran: Katakana haben etwas vom Charakter einer Blockschrift, und jeder handschriftliche Fluß ist ihnen fremd.

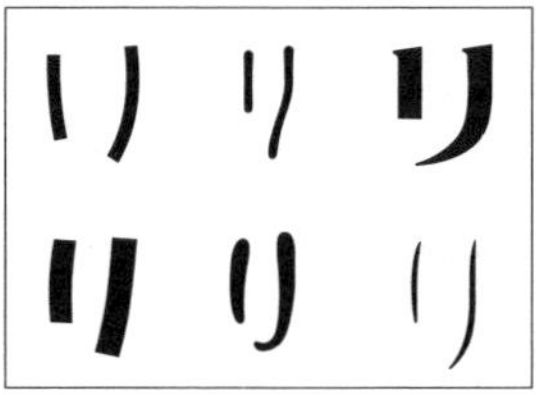

← 55 → WEITER AUF SEITE 49

ル | 流 | る | RU

Erinnern Sie sich noch an die Geschichte von **Rumpelstilzchen** und der armen Müllerstochter, die Stroh zu Gold spinnen mußte? Dann haben Sie ein hervorragendes Bild, um dieses Katakana zu lernen. Im rechten Teil des Zeichens können Sie den Fuß des zwergenhaften Männchens erkennen, der in einem spitzen Schnabelschuh steckt, und links sein Holzbein, das es bereits bis zum Knie in den Boden gerammt hat – wutschnaubend darüber, daß sein Name erraten wurde und ihm nun das Kind als Lohn für seine Dienste verwehrt ist.

ミルク miruku
milk (Milch)

ソール Sōru
Seoul

← 5 → WEITER AUF SEITE 42

RE

レ

Das Katakana für *re* ist einfach die rechte Hälfte des Katakana ル, welches Sie soeben gelernt haben. Bedienen wir uns des eben vorgestellten Bildes eines Zwergenbeines mit Schnabelschuh. Nun müssen Sie sich nur noch ein **Rennen** vorstellen, welches zwischen einbeinigen schnabelbeschuhten Zwergen ausgefochten wird.

karē カレー
Curry

Naporeon ナポレオン
Napoleon

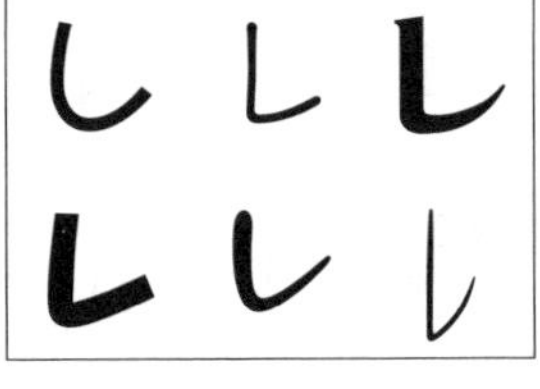

← 41 → WEITER AUF SEITE 19

ロ

呂	ろ

RO

Denken Sie bei dem Laut *ro* an einen großen Haufen **Rosinen**. Der einzige Unterschied: Sie sind nicht rund, sondern QUADRATISCH, denn die Katakana, die keine runden Formen kennen, machen alles eckig.

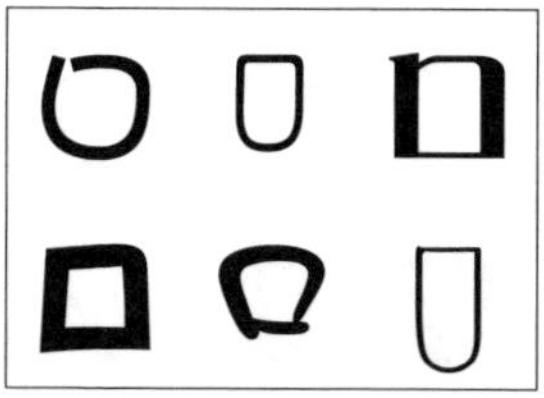

ロ―マ Rōma
Roma (Rom)

バルセロナ Baruserona
Barcelona

← 2 → WEITER AUF SEITE 38

WA

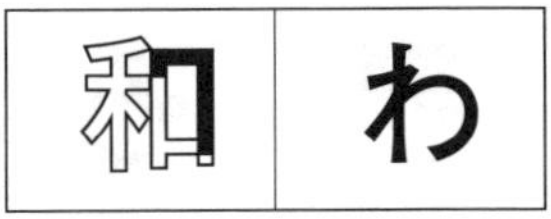

ワ

Die *Schüssel* in diesem Bild dient als Teeschale oder, auf Japanisch, **chawan**. Sie erkennen leicht, daß es ein **chawan** ist, da ein kleiner roter Strich direkt in der Mitte der Schale anzeigt, wo Sie die Lippen anzusetzen haben, wenn Sie aus der Schale trinken.

Mosukuwa　　モスクワ
Moskva (Moskau)

tawā　　タワー
tower (Turm)

← 16　　→ WEITER AUF SEITE 3

ヲ

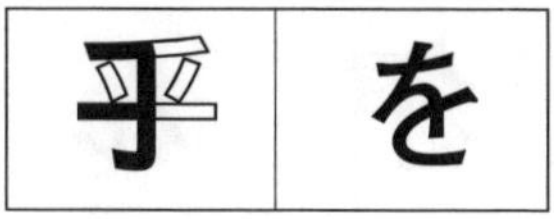

WO

Der Laut *wo* führt uns zu dem frustrierten Ausruf: „**Womit** habe ich das verdient?“ Und der Grund für die schlechte Laune ist sofort ersichtlich: Mitten durch die *Futterschüssel* zieht sich ein Sprung! Stellen Sie sich ihren traurigen Besitzer vor, der anklagend fragt, **womit** gerade er diesen Sprung in der Schüssel verdient habe.

← 39 → WEITER AUF SEITE 8

N

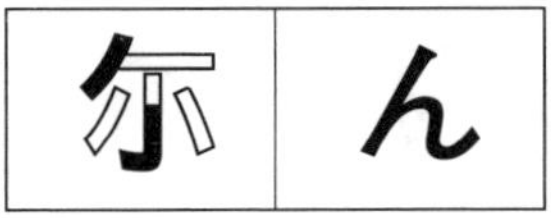

Versuchen Sie sich nun selbst an der Umwandlung von Schreibschrift zu Blockschrift. Können Sie, ausgehend vom Hiragana ん, mit Hilfe des Prinzips „Punkt und gerade Linie“ das Katakana für *n* entwickeln? Sie werden fast automatisch bei der richtigen Form landen.

pantsu パンツ
pants (Unterhose)

chikin チキン
chicken (Huhn)

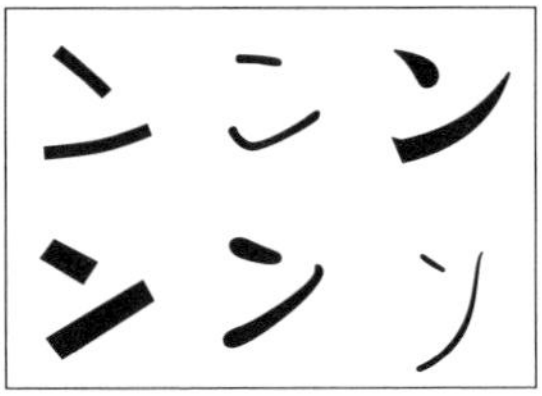

← 12 → WEITER AUF SEITE 35

゛ Nigorierungszeichen

Das bei Katakana und Hiragana identische **Nigorierungszeichen** macht eine ganze Bandbreite neuer Laute verfügbar. Die unten aufgeführten Beispiele stellen dabei nur die Laute dar, die mit den uns schon bekannten zehn Katakana gebildet werden können. Andere Beispiele werden folgen, und eine vollständige Liste finden Sie in der Diphthong-Tabelle auf Seite 70.

Achten Sie darauf, das **Nigorierungszeichen** stets zuletzt zu schreiben, nachdem Sie bereits das komplette Katakana geschrieben haben.

ベーカリ — bēkari
bakery (Bäckerei)

ガーゼ — gaze
Gaze

← 17 → WEITER AUF SEITE 26

Plosivzeichen

Wie das Nigorierungszeichen wird auch das **Plosivzeichen** sowohl bei den Hiragana als auch bei den Katakana verwendet. Es sieht gleich aus und funktioniert ausnahmslos gleich. Es wird auch stets zuletzt geschrieben. Im folgenden ein paar Beispiele, bestehend aus den bereits gelernten Katakana. Für den Rest schlagen Sie bitte in der Diphthong-Tabelle auf Seite 70 nach.

Pari　　パリ
Paris

pēpā　　ペーパー
paper (Papier)

← 26　　→ WEITER AUF SEITE 32

ー Längungszeichen

Bevor Sie weitermachen, müssen Sie wissen, wie man das **Längungszeichen** verwendet. In lateinischer Umschrift werden langgezogene Vokale durch einen horizontalen Strich über dem Vokal, Makron genannt, dargestellt (z.B. *sumō*, *jūdō*), bei den Hiragana wird dies durch einen zusätzlichen Vokal erreicht (so ergeben sich すもう und じゅうどう).

Bei den Katakana wird dieser Effekt erreicht, indem ein horizontaler Strich von der Länge eines ganzen Katakanazeichens nach dem zu verlängernden Vokal angefügt wird.

リリー — rirī
lily (Lilie)

リー — Rī
Lee

← 40 → WEITER AUF SEITE 29

Lektionen

Lektion 1

Bevor Sie beginnen, machen Sie sich kurz mit den Elementen vertraut, die Ihnen auf den nächsten Seiten begegnen werden.

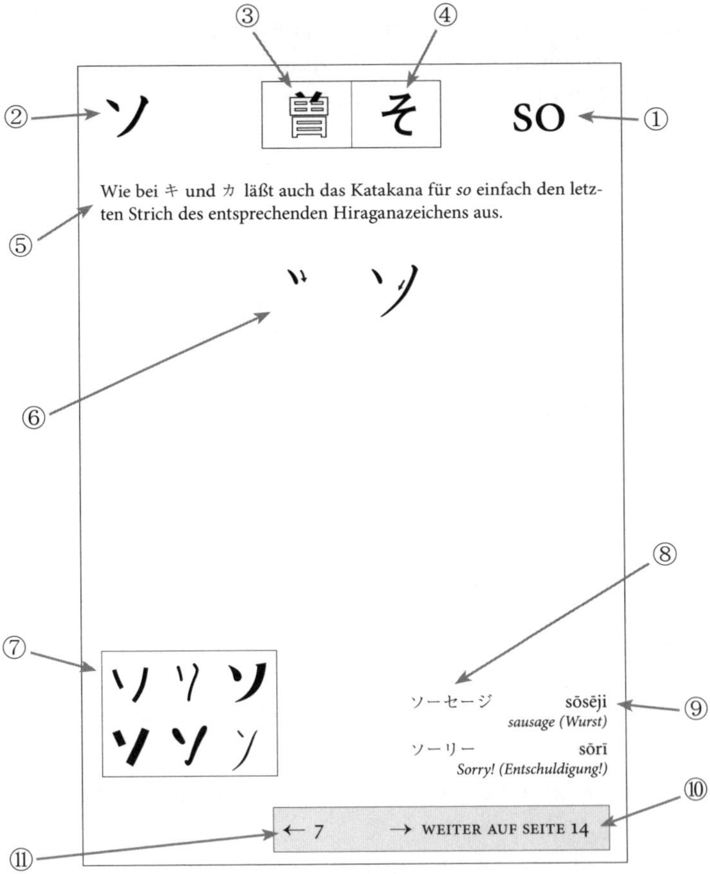

① Die Aussprache des betreffenden Katakana in standardisierter Umschrift.

② Das Katakana-Zeichen.

Die Platzierung der Elemente wird Ihnen später bei Wiederholungen hilfreich sein. Bei halbgeöffnetem Buch können Sie durch die Umschriften blättern, während das Katakana verdeckt bleibt

③ Das ursprüngliche chinesische Schriftzeichen (oder Kanji), aus dem sich das betreffende Katakana entwickelt hat.

Sie sollten nicht versuchen, dieses Kanji schon jetzt zu lernen. In einer späteren Lernphase mag Ihnen allerdings seine etymologische Verbindung mit dem Katakana für das Erlernen der korrekten Aussprache hilfreich sein.

④ Das Hiragana für die gleiche Silbe.

⑤ Eine Erklärung, mit der Sie sich das Katakana leicht merken können.

⑥ Anleitung zur Schreibweise des Zeichens, Strich für Strich. Genauso wie es japanische Schulkinder machen, wenn sie das Zeichen schreiben lernen.

⑦ Dieser Kasten enthält sechs Beispiele verschiedener Schreibstile, um Ihnen die Variabilität der Schreibweise zu verdeutlichen. Sie sollten sich nicht bemühen, diese Schreibweisen zu imitieren; es ist ausreichend, daß Sie sich kurz die Zeit nehmen, sie zu erkennen.

⑧⑨ Ein paar Beispiele, in denen das behandelte Katakana auftaucht. Die Beispiele bestehen zumeist aus Namen und englischen Begriffen, die ins Japanische Einzug gehalten haben. Die deutsche Übersetzung steht in Klammern dahinter. Die Beispiele enthalten nur bereits gelernte Zeichen, Sie sollten also alle Zeichen lesen und aus der Umschrift ableiten können. Lassen Sie keines der Beispiele aus.

⑩ Fahren Sie auf dieser Seite fort, wenn Sie mit der aktuellen Seite fertig sind.

⑪ Die Seite von der Sie kamen.

Falls Sie es noch nicht getan haben, sollten Sie jetzt etwas kariertes Papier bereit legen. Viel stärker als weißes oder liniertes wird Ihnen das karierte Papier dabei helfen, beim Üben die Form Ihrer Katakana in der richtigen Balance zu halten. Arbeiten Sie mit Kästchen von etwa 1 cm Kantenlänge.

Die erste Lektion wird Ihnen acht Katakana beibringen und dabei kaum mehr Zeit in Anspruch nehmen, als Sie zum Lesen der Seiten benötigen. Der Grund ist einfach: Sie alle sind bloße Äquivalente zu den jeweils gleich ausgesprochenen Hiragana. Natürlich wäre die Verwirrung groß, wenn sie exakt gleich aussähen. Zum Glück besteht die Besonderheit der Katakana darin, daß sie etwas eckiger und weniger „handschriftlich" als die Hiragana aussehen. Denken Sie sich die Katakana einfach als noch einen Schritt weiter von den Kanji entfernt als die Hiragana.

Noch etwas: Schauen Sie kurz auf die Uhr und notieren Sie sich den Zeitpunkt, zu dem Sie diese Lektion begonnen haben. Los geht's…

→ WEITER AUF SEITE 40

Zeit: LEKTION 1

Sie haben soeben 8 der 46 Katakana erlernt – vermutlich viel schneller, als Sie es erwartet hätten. Über dem Text sehen Sie einen kleinen Kasten mit der Unterschrift *Zeit: LEKTION 1*. Bevor Sie irgend etwas anderes tun, rechnen Sie kurz aus, wieviel Zeit Sie für die Lektion benötigt haben, und tragen das Ergebnis in den Kasten ein.

Vielleicht fragen Sie sich bereits, wie Sie das Erlernte am besten wiederholen sollten. Nun, lassen Sie diese Frage zunächst im Raum stehen. Allzu eifriges Wiederholen verstärkt nur das ohnehin schlechte Bild, das viele Lernende von der Kraft ihres Gedächtnisses haben.

Wenn Sie einmal nicht weiterkommen, hilft Ihnen die ALPHABETISCHE KANA-LISTE auf Seite 69 dabei, den Weg zu den problematischen Zeichen zurückzufinden. Wenn Sie TEIL EINS (Hiragana) schon durchlaufen haben, beherrschen Sie natürlich schon die Silbenreihenfolge *a-ka-sa-ta-na-ha-ma-ya-ra-wa-n*. Falls nicht, drehen Sie kurz das Buch herum und nehmen Sie sich ein paar Minuten Zeit, um die Seiten 56, 59, 61 und 63 zu lesen. Sie werden es nicht bereuen.

Vielleicht wollen Sie auch gleich die schon gelernten Katakana abhaken, am besten sowohl auf der ALPHABETISCHEN KANA-LISTE wie auch auf den Seiten der LEKTION 1. So können Sie schnell erfassen, was wiederholt werden muß und was Ihnen noch bevorsteht, sollten Sie sich einmal testen wollen.

Machen Sie nun eine Pause. Das wird Ihrem Geist Gelegenheit geben, klar zu werden und Ihnen helfen, sich besser zu konzentrieren. Und was noch wichtiger ist: Es wird Sie davor bewahren, allzu schnell voranzugehen, wodurch sich Ihr Fortschritt langfristig verlangsamen würde.

ENDE VON LEKTION 1

Lektion 2

Lektion 2 wird nur vier Katakana umfassen, uns aber auch Gelegenheit geben, auf das Plosivzeichen und das Nigorierungszeichen einzugehen, welche genau wie bei den Hiragana verwendet werden.

Zufällig folgen auch die Laute, mit denen Doppelvokale (sog. Diphthonge) gebildet werden (*a, i, u, e, o, ya, yu* und *yo*) und der für Doppelkonsonanten verwendete Laut (*tsu*) den gleichen Regeln. Dieser Umstand wird nicht mehr extra erwähnt werden, wenn die diesen Lauten entsprechenden Katakana behandelt werden. Wollen Sie mehr über die Diphthonge erfahren, schlagen Sie auf Seite 66 von Teil Eins nach.

Da die Beispiele, die in Teil Zwei gegeben werden, sämtlich fremdsprachliche Lehnwörter sind, wird Ihnen bald auffallen, daß auch mit den acht Katakana aus der vorigen Lektion nur recht wenige Beispiele gebildet werden können. Verwenden Sie daher ausreichend Zeit und Aufmerksamkeit auf die angegebenen Beispielworte.

Wenn wir schon von Zeit sprechen: Werfen Sie einen kurzen Blick auf die Uhr und notieren Sie die Zeit, bevor Sie mit der Lektion weitermachen.

→ WEITER AUF SEITE 22

Zeit: LEKTION 2

Notieren Sie, wie zuvor, im obigen Kasten, wieviel Zeit Sie für diese Lektion gebraucht haben.

Sie brauchen sich übrigens keine Sorgen zu machen, daß Sie durch Konzentration auf das bloße Schreiben der Zeichen keine entsprechende Lesefähigkeit entwickeln. Glücklicherweise erlernen Sie das Lesen ganz automatisch, wenn Sie der Methodik dieses Buches folgen. Um Ihnen zu zeigen, wie einfach es ist, versuchen Sie einmal, die folgende Wortliste laut zu lesen. Alle Worte setzen sich aus Zeichen zusammen, die Sie in den ersten beiden Lektionen schon gelernt haben.

Wundern Sie sich nicht, wenn sich einige der Worte keinem fremdsprachlichen Lehnwort zuordnen lassen – betrachten Sie es einfach als gute Übung zum Lesen ausländischer Namen, die oft aus solchen sinnlosen Lauten bestehen.

リニーチ	カナリヤ
ハガキベ	セミカー
パミチナ	リーナー
ヤセガミ	セハギベ
ナーペカ	ベーミニ

Da es bei Tests wie diesen darum geht, Ihren tatsächlichen Kenntnisstand zu ermitteln (und nicht darum, mit Wissen und Glück eine gute Note zu ergattern), seien Sie bei der Auswertung hart mit sich. Achten Sie genau auf jeden Fehler, den Sie machen, sei er noch so klein, dann können Sie am Ende stolz auf Ihren Lehrer sein.

ENDE VON LEKTION 2

Lektion 3

Diese Lektion stellt sieben neue Zeichen vor, die man sich sämtlich am einfachsten als Abwandlungen ihrer Hiragana-Äquivalente merken kann. Während Sie lernen, wie Sie sich die Zeichen am besten merken können, werden Sie gleich zwei weitere wichtige Fähigkeiten erwerben. Erstens werden Sie gleichsam mit der Spitze Ihres Bleistiftes ein Gefühl für den Unterschied zwischen den Hiragana und Katakana entwickeln und dabei auch den Transformationsvorgang von der einen zur anderen Silbenschrift verstehen und schätzen lernen. Und zweitens werden Sie durch kleine Erzählungen und „Bilder", die einige der Erklärungstexte ergänzen, in den Gebrauch ihres „erfinderischen Gedächtnisses" eingeführt.

Für den Fall, daß Sie das Buch mit diesem Teil begonnen haben, ohne vorher Teil Eins zu durchlaufen, werden die einzelnen Schritte in der nächsten Lektion noch einmal für Sie wiederholt.

Im Moment ist es aber besser, die Dinge gleich in praktischer Anwendung zu lernen. Schreiben Sie kurz die Zeit auf, und dann geht es…

→ WEITER AUF SEITE 10

Zeit: LEKTION 3

Durch Einsatz der Hiragana als Wegweiser zu den Katakana haben wir fünfzehn Zeichen erlernt. Von nun an werden wir uns auf das „erfinde-

rische Gedächtnis“ konzentrieren, über das kaum mehr zu sagen ist, als Sie bereits durch Ihre eigenen Erfahrungen aus dieser Lektion wissen.

Vergessen Sie nicht, Ihre Zeit zu notieren.

Sie haben sich vielleicht schon gefragt, weshalb fremdsprachige Wörter und besonders Anglizismen im Japanischen so oft das Längungszeichen enthalten, ohne daß es dafür einen ersichtlichen Grund gibt. Im Deutschen akzentuiert man Worte typischerweise auf dreierlei Arten: Stimmhöhe, Betonung und Längung einzelner Vokale (wie etwa im Wort To**ma**tensalat). Im Japanischen gibt es zwar unterschiedliche Stimmhöhen; Betonung und Vokallängungen werden aber nicht systematisch verwandt. Hinzu kommt, daß in Ermangelung eigener Akzentzeichen recht frei mit dem Längungszeichen umgegangen wird, um deren Effekt wenigstens näherungsweise zu erreichen.

Dieses Prinzip ist einfacher zu verstehen, als umzusetzen. Tatsächlich herrscht selbst bei japanischen Redakteuren nicht immer Einigkeit über die korrekte Umschrift bestimmter Worte. Wir werden das Längungszeichen am Ende der letzten Lektion noch einmal behandeln, obwohl es nicht viel mehr gibt, was man dazu noch wissen muß.

ENDE VON LEKTION 3

Lektion 4

Die folgende Lektion soll Ihnen neun Katakana vorstellen, die alle die gleiche Grundform haben. Die Lernmethode wird dabei unserem erfinderischen Gedächtnis angepaßt. Ihre Grundsätze wurden schon im Teil Eins erläutert, aber wir wiederholen sie hier kurz:

1. Die Aussprache des Katakana wird mit einem Buchstaben oder einem Wort beschrieben, das ähnlich klingt und nach Möglichkeit eine klare und konkrete Bedeutung hat. Wir nennen es „Schlüsselwort".
2. Das Schlüsselwort wird mit einer Assoziation verbunden, die aus einem Buchstaben oder einem Bild besteht, das mit dem Schlüsselwort verbunden ist.
3. Besteht dieses Bild aus mehreren Teilen, so werden die Einzelteile hervorgehoben, indem vom Gesamtbild ausgehend besondere Aufmerksamkeit auf sie gelenkt wird.
4. Nun schreibt man das Katakana, während man das Bild vor dem geistigen Auge zusammensetzt und sich die Bedeutung der jeweiligen Einzelteile vor Augen führt.

Seien Sie vorsichtig, falls Ihnen diese Schritte neu sind. Nach dieser Lektion haben Sie dann aber alles methodische Rüstzeug, das Sie brauchen.

→ WEITER AUF SEITE 28

Zeit: LEKTION 4

Und so endet LEKTION 4. Haben Sie daran gedacht, Ihre Zeit in dem obigen Kasten zu notieren?

Ihnen wird nicht entgangen sein, daß es keine Illustrationen in diesem Buch gibt. Die Erfahrung lehrt, daß ein vorgezeichnetes Bild das erfinderische Gedächtnis eher behindert, als es zu unterstützen. Es zwingt Ihr Auge auf das auf dem Papier Fixierte, statt Ihnen das reichhaltige Instrumentarium Ihres geistigen Auges zu erschließen. Es ist viel besser, wenn Sie das Bild des Katakana auf ihre ganz eigene Weise *sehen*, als wenn Sie nur das Bild eines professionellen Graphikers *anschauen*.

Es mag Ihnen daher hilfreich sein, von Zeit zu Zeit ein paar eigene Strichzeichnungen zu Papier zu bringen. Halten Sie aber deren Gestalt so einfach wie möglich und werfen Sie sie über Bord, sobald Sie können. Denn die Zeichnung ist am Ende doch nur eine Krücke, die Sie lediglich dahinhinken läßt, während sich Ihr erfinderisches Gedächtnis bereits für einen vollen Galopp aufwärmt.

ENDE VON LEKTION 4

Lektion 5

Diese Lektion stellt uns drei Zwillingspaare und sogar einen Drilling vor. Diese Zeichen werden allgemein als leicht verwechselbar angesehen, aber Sie werden gleich merken, wie einfach das Auseinanderhalten mit ein wenig Systematisierung sein kann. Falls Sie Schwierigkeiten haben sollten, greifen Sie nicht auf „pures Auswendiglernen“ zurück. Halten Sie kurz inne, schließen Sie die Augen, klären Sie Ihren Geist und lassen Sie das Bild des Katakana, das Sie gerade lernen, sich sicher in Ihrem Geist verankern. Schon eine so kurze Zeitspanne wie 30 Sekunden erscheint wie eine Ewigkeit, wenn Ihr Geist wirklich „leer“ ist. Also haben Sie etwas Geduld, dann wird sich das Bild in der einen oder anderen Form manifestieren. Nur dann wird es wirklich Ihres sein und nicht nur eine bloße Aneinanderreihung von Worten auf Papier.

Diese Lektion ist recht lang, fangen Sie also nur an, wenn Sie sich frisch fühlen und eine gute Handvoll Zeit haben.

→ WEITER AUF SEITE 30

Zeit: LEKTION 5

Jetzt da Sie schon fünf Lektionen beisammen haben, ist es Zeit für einen weiteren Test. Auf der folgenden Seite sehen Sie eine Liste von Worten in lateinischer Umschrift. Einige von ihnen sind echtes Japanisch, die mei-

sten hingegen völlig sinnfrei, denn wir haben noch zu wenig Katakana für eine richtige Übung.

Versuchen Sie nun, die entsprechenden Katakana direkt neben die Worte zu schreiben (natürlich erst nachdem Sie auf der vorigen Seite Ihre Zeit eingetragen haben).

rinīchi	*kanariya*
hagakibe	*semikā*
pamichina	*rīnā*
yasegami	*sehagibe*
nāpeka	*bēmini*

Um Ihre Ergebnisse zu prüfen, vergleichen Sie einfach Ihre Resultate mit der Liste auf Seite 58.

Gönnen Sie sich nun eine ordentliche Pause. Wir stehen kurz vor der letzten Etappe.

ENDE VON LEKTION 5

Lektion 6

Die letzte Lektion besteht aus einer Gruppe von neun Katakana, die sich keiner anderen Gruppe zuordnen lassen und Stück für Stück gemeistert werden müssen. Die gesamte Lektion wird damit gleichsam zu einem Test Ihrer Fortschritte beim Einsatz des erfinderischen Gedächtnisses. Zwar ist keines der Bilder besonders kompliziert, geben Sie aber dennoch jedem Bild ausreichend Zeit, sich in ihrem Geist einzubrennen, bevor Sie es auf dem Papier wiederzugeben versuchen.
Wie in der letzten Lektion erfordern auch diese Katakana eine gewisse Konzentrationsleistung von Ihrer Seite. Achten Sie daher darauf, zum Ende hin nichts zu überstürzen. Schreiben Sie kurz die Zeit auf, bevor Sie sich aufmachen, um es mit den letzten Katakana aufzunehmen.

→ WEITER AUF SEITE 37

Zeit: LEKTION 6

Herzlichen Glückwunsch! Sie haben soeben die komplette Katakana-Silbenschrift erlernt. Wenn alles glatt gelaufen ist, haben Sie praktisch das gesamte Fundament gelegt, das Sie für das Studium der Kanji nach den gleichen Prinzipien benötigen. Wie schon in der ALLGEMEINEN EINFÜHRUNG erläutert, wurde die Methode nach der Sie die Kana gelernt haben zunächst für das Erlernen der sino-japanischen Schriftzeichen entwik-

kelt und erst später für die Kana adaptiert. Lesen Sie für nähere Details das Nachwort, das diesem Text nachgestellt ist.

Gesamtzeit für das Erlernen der katakana

Errechnen Sie nun, um die Dinge zum Abschluß zu bringen, die Gesamtzeit, die Sie zum Lernen der Katakana benötigt haben, und notieren Sie sie in dem obigen Kasten. Eines Tages möchten Sie vielleicht jemanden dazu überreden, nach der gleichen Methode zu lernen, wie Sie es getan haben, und Ihre Aufzeichnungen werden für sich selbst sprechen.

ENDE DER KATAKANA

Nachwort

Zweifellos fragen Sie sich nun: Wenn man die かな so viel einfacher lernen kann, als ich es mir je vorgestellt habe, wie steht es mit den かんじ? Kann man nicht auch sie so organisieren, daß ohne viel Zeit zu verschwenden ein vorzeigbares Ergebnis erzielt wird?

Ja, man kann. Und das mit den gleichen grundlegenden Prinzipien, wie sie auch dieses Büchlein verwendet. Natürlich gibt es erheblich mehr Kanji als Kana, was bedeutet, daß dem Procedere und der Lernmethode größere Aufmerksamkeit gewidmet werden muß. Aber es ist möglich, und dies weit schneller als Sie vielleicht glauben.

Ein kurzer Rückblick auf den Kurs, der in diesem Buch eingeschlagen wurde, macht offenbar, daß dies hier keine Methode ist, und auch nie wirklich sein könnte, die die Japaner selbst nutzen würden. Zum einen richtet sich die hier verwandte Methodik, die Arbeit mit Assoziationsmustern, an zumindest schon jugendliche Lernende – während japanische Kinder die Kana schon in einem Alter lernen müssen, in dem ihre Kraft zum abstrakten Denken noch nicht voll entwickelt ist. Zum anderen wird das Alphabet vorausgesetzt, welches Japaner erst nach den Kana lernen.

Das gleiche gilt aus ganz ähnlichen Gründen für das Studium der Kanji, wie in der Einführung zu dem ersten Band von *Die Kanji lernen und behalten* (James W. Heisig/Robert Rauther, Klostermann Verlag, 2005) umfangreich dargelegt wurde. Mit einem Wort: Es spricht nichts dafür, als Erwachsener die Kanji von jemandem zu lernen, der sie selbst schon als Kind erlernt hat. Kalligraphie, korrekte Verwendung, Etymologie und dergleichen sind eine andere Sache, aber der Prozeß des Memorierens von Lesung und Schreibweise der Kanji wird unter Einfluß eines japanischen Lehrers in den meisten Fällen nicht nur verlangsamt, sondern unmöglich gemacht.

Die Statistiken belegen das höchst eindrucksvoll. Schwer nachvollziehbar ist nur, daß alles stets auf die eigene Dummheit oder Disziplin-

losigkeit geschoben wird, obwohl das eigentliche Problem die Lernmethode ist.

Es lohnt sich dennoch nicht, sich nun auf die Suche nach einem Lehrer zu machen, der die Kanji erst als Erwachsener gelernt hat: Selbst die meisten nichtjapanischen Kanjilehrer haben die Kanji auf traditionelle Weise gelernt und werden Sie vermutlich in ebendieser unterrichten – also genauso wie ein Japaner, nur unvollständiger. Es geht viel einfacher: Unterrichten Sie sich selbst. Bei den Kana haben Sie das bereits erreicht; es spricht nichts dagegen, daß Sie es bei den Kanji nicht auch erreichen können – wesentlich schneller und effizienter als in der besten Klasse der besten Universität mit den besten Lehrern.

Aber lassen wir die Kanji nun Kanji sein. Wenn Sie dieser Methode, die Kana zu lernen, bis zum Ende gefolgt sind, gönnen Sie sich einen Applaus und singen Sie mit stolzgeschwellter Brust:

イヒケンアレカナ
いひけんあれかな
ディンダンドン
ディンダンドン

ALPHABETISCHE KANA-LISTE

a 1
chi . . . 17
e 4
fu 28
ha 26
he 29
hi 27
ho 30
i 2
ka 6
ke 9

ki 7
ko. . . . 10
ku 8
ma 31
me . . . 34
mi . . . 32
mo 35
mu . . . 33
n 46
na. 21
ne. . . . 24
ni 22

no 25
nu 23
o 5
ra 39
re. 42
ri 40
ro 43
ru 41
sa 11
se. 14
shi 12
so 15

su 13
ta 16
te 19
to 20
tsu . . . 18
u. 3
wa . . . 44
wo . . . 45
ya 36
yo 38
yu 37

DIPHTHONG-TABELLE

					きゃ	しゃ	ちゃ	にゃ	ひゃ		みゃ	りゃ	ぎゃ	じゃ	びゃ	ぴゃ
VA	TSA	FA			KYA	SHA	CHA	NYA	HYA		MYA	RYA	GYA	JA	BYA	PYA
ヴァ	ツァ	ファ			キャ	シャ	チャ	ニャ	ヒャ		ミャ	リャ	ギャ	ジャ	ビャ	ピャ
VI	TI	FI	DI													
ヴィ	ティ	フィ	ディ													
					きゅ	しゅ	ちゅ	にゅ	ひゅ		みゅ	りゅ	ぎゅ	じゅ	びゅ	ぴゅ
VU	TU		DU	DYU	KYU	SHU	CHU	NYU	HYU	FYU	MYU	RYU	GYU	JU	BYU	PYU
ヴ	トゥ		ドゥ	デュ	キュ	シュ	チュ	ニュ	ヒュ	フュ	ミュ	リュ	ギュ	ジュ	ビュ	ピュ
VE	TSE	FE				SHE	CHE									
ヴェ	ツェ	フェ				シェ	チェ									
					きょ	しょ	ちょ	にょ	ひょ		みょ	りょ	ぎょ	じょ	びょ	ぴょ
VO	TSO	FO			KYO	SHO	CHO	NYO	HYO		MYO	RYO	GYO	JO	BYO	PYO
ヴォ	ツォ	フォ			キョ	ショ	チョ	ニョ	ヒョ		ミョ	リョ	ギョ	ジョ	ビョ	ピョ